D1092583

Programme des publications
de recherche d'Industrie Canada

PERSPECTIVES SUR LE LIBRE-ÉCHANGE NORD-AMÉRICAIN

MODÉLISATION DES LIENS ENTRE LE COMMERCE ET L'INVESTISSEMENT ÉTRANGER DIRECT AU CANADA

Par Walid Hejazi et A. Edward Safarian
Université de Toronto

Also available in English

Date Due

Données de catalogage avant publication (Canada)

Hejazi, Walid, 1963-

Modélisation des liens entre le commerce et l'investissement étranger direct au Canada

(Perspectives sur le libre-échange nord-américain)
Texte en anglais et en français disposé tête-bêche.
Titre de la p. de t. addit.: Modelling links between Canadian trade and foreign direct investment.
Comprend des références bibliographiques.
ISBN 0-662-64134-5
No de cat. C21-28/3-1999

1. Investissements étrangers – Canada.
2. Canada – Commerce.
3. Commerce international.
4. Libre-échange – Canada.
5. Canada – Conditions économiques, 1991-
I. Safarian, A. Edward.
II. Canada. Industrie Canada.
III. Titre.
IV. Coll.

HG4538.H44 1999   332.67'3'0971   C99-980118-XF

Vous trouverez, à la fin du présent ouvrage, des renseignements sur les documents publiés dans le cadre du Programme des publications de recherche et sur la façon d'en obtenir des exemplaires. Des sommaires des documents et cahiers de recherche publiés dans les diverses collections d'Industrie Canada, ainsi que le texte intégral de notre bulletin trimestriel, *MICRO*, peuvent être consultés sur *STRATEGIS*, le service d'information commerciale en direct du Ministère, à l'adresse http://strategis.ic.gc.ca.

Prière d'adresser tout commentaire à :

Someshwar Rao
Directeur
Analyse des investissements stratégiques
Analyse de la politique micro-économique
Industrie Canada
5e étage, tour ouest
235, rue Queen
Ottawa (Ontario) K1A 0H5

Tél. : (613) 941-8187
Fax : (613) 991-1261
Courriel: rao.someshwar@ic.gc.ca

PRÉFACE

Vers le milieu des années 80, alors que la production et les marchés prenaient une orientation et une envergure de plus en plus internationales, le Canada risquait d'être relégué à la périphérie de l'économie mondiale. Notre pays ne possédait pas les éléments requis pour étendre sa participation aux marchés étrangers et nous risquions de perdre nos propres marchés. En outre, avec plus des deux tiers de nos exportations prenant la destination des États-Unis, et cette part allant en s'accroissant, nous étions fortement exposés aux sentiments protectionnistes montants dans ce pays. Essentiellement, notre prospérité passée nous avait rendus insouciants devant la situation précaire dans laquelle nous nous trouvions en tant que nation commerçante.

C'est dans un tel contexte que le gouvernement a pris les mesures nécessaires pour relancer et renforcer l'économie canadienne plutôt que de résister aux forces du changement qui se manifestaient dans le monde. L'approche du gouvernement a consisté à faire du secteur privé l'élément moteur de ce renouveau économique. Des politiques ont été mises en place pour encourager et récompenser l'esprit d'entreprise et faciliter l'adaptation au nouvel ordre économique.

Comme nation commerçante, un objectif évident était de mettre de l'ordre dans nos relations commerciales avec les États-Unis. Il fut convenu qu'un accord de libre-échange était nécessaire pour faire échec aux tendances protectionnistes qui se manifestaient aux États-Unis et accroître la sécurité d'accès du Canada au marché américain tout en améliorant la prévisibilité de nos relations commerciales avec notre voisin du Sud.

L'Accord de libre-échange Canada-États-Unis (ALE) est ainsi entré en vigueur en 1989. Cinq ans plus tard, soit en 1994, l'Accord de libre-échange nord-américain (ALENA) était conclu; essentiellement, il étendait les dispositions de l'ALE au marché en croissance rapide du Mexique.

Ces accords de libre-échange devaient accroître la prospérité du Canada en améliorant l'efficience et la productivité des entreprises canadiennes. On estime que de telles ententes sont mutuellement bénéfiques aux économies des parties en cause et qu'elles sont particulièrement profitables aux économies de taille relativement modeste comme celle du Canada. Dans un premier temps, ils exposent à la concurrence internationale les entreprises nationales jusque là protégées. Puis, ils récompensent les sociétés innovatrices et productives en leur permettant d'avoir accès à des marchés de plus grande taille. En retour, ces effets accroissent les flux commerciaux entre les pays participants et améliorent l'efficience générale des économies signataires. L'ALE et l'ALENA ne font pas exception à cette règle et ces deux accords ont été signés dans l'espoir de concrétiser ces avantages pour l'économie canadienne après une période d'ajustement initiale. Néanmoins, des préoccupations légitimes se sont manifestées au sujet des fermetures possibles d'entreprises et des pertes d'emplois au Canada.

Plus de dix années se sont écoulées depuis l'entrée en vigueur de l'ALE — un délai suffisant pour nous permettre d'évaluer avec une certitude raisonnable les conséquences de l'Accord pour l'économie canadienne. Dans ce contexte, la Direction de l'analyse de la politique microéconomique a invité un groupe de spécialistes à faire un examen de l'économie canadienne à la lumière de l'ALE. Les six études qui découlent de cet exercice sont en voie de publication sous le thème général *Perspectives sur le libre-échange nord-américain*. Les auteurs de ces études abordent une vaste gamme de questions allant de l'impact de l'ALE sur les flux commerciaux interprovinciaux à ses conséquences sur la performance de l'économie canadienne au chapitre de la productivité. En outre, la viabilité du secteur manufacturier canadien y est évaluée, de même que la relation entre les sorties d'investissement étranger direct et les flux commerciaux. Ces études traitent également des conséquences du commerce pour l'évolution de la structure industrielle du Canada et la composition des compétences, parallèlement à une évaluation des profils de migration entre le Canada et les États-Unis.

Jusqu'à maintenant, la plupart des travaux de recherche sur l'impact de l'investissement étranger direct (IED) ont porté sur les conséquences intérieures de l'IED au Canada. Il est souvent noté que l'IED est une importante source de transferts internationaux de technologie et, partant, de croissance économique. L'étude réalisée par Walid Hejazi et Edward Safarian aborde la question de l'IED dans une perspective différente. Elle examine l'impact de l'IED sortant sur l'économie et, plus précisément, sur les exportations. Les auteurs remettent en question l'opinion répandue selon laquelle les sorties d'IED ont pour effet de transférer des installations de production du Canada vers d'autres pays et d'entraîner une diminution des niveaux d'exportation et d'emploi au Canada. Contrairement à la croyance populaire, les auteurs démontrent que les sorties d'IED du Canada sont complémentaires au commerce. Autrement dit, les augmentations de l'IED sortant vont de pair avec une hausse des exportations canadiennes.

L'étude examine également la situation du côté entrant en mesurant le lien entre les entrées d'IED au Canada et leur impact sur les importations. Les auteurs constatent que les niveaux accrus d'IED entrant sont également associés à une hausse des exportations au Canada, mais que la taille de cet impact ne représente que le tiers de l'impact de l'IED sortant sur les exportations. En conséquence, les auteurs concluent que toute hausse de l'IED sortant et entrant a un impact positif sur le solde commercial du Canada.

SOMMAIRE

Une opinion répandue est que l'augmentation de l'investissement étranger direct (IED) est un substitut aux exportations pour un pays. De même, les hausses de l'IED entrant entraînent une baisse des importations. Cependant, des données récentes indiquent que l'IED et les échanges pourraient, de fait, ne pas être des substituts réciproques, mais auraient plutôt un caractère complémentaire. À l'aide de données sur le commerce bilatéral et l'IED entre le Canada et 35 autres pays couvrant la période 1970-1996, la présente étude établit que les échanges et l'IED sont complémentaires. Ces résultats ont été obtenus à l'aide d'un modèle de gravité. L'analyse est étendue au niveau de l'industrie (CTI-C 1980) pour laquelle des données bilatérales sur l'IED sont disponibles. Nous montrons que les liens entre le commerce et l'IED varient sensiblement d'une industrie à l'autre.

1. INTRODUCTION

L'investissement étranger direct (IED)[1] a joué un rôle important dans l'économie canadienne depuis de nombreuses années. Cependant, le Canada a habituellement enregistré des flux d'IED entrant plus importants que les flux d'IED sortant. En 1980, le ratio de l'IED entrant au PIB était de 21 p. 100. Bien que ce ratio soit demeuré stable sur la période 1980-1996, il y a eu une augmentation marquée de l'IED sortant. Le ratio de l'IED sortant au PIB n'était que de 9 p. 100 en 1980, mais avait grimpé à 22 p. 100 en 1996. Autrement dit, le Canada enregistre actuellement un niveau à peu près égal d'IED sortant que d'IED entrant[2]. Ces tendances sont illustrées dans les figures 1 et 2. Ces observations soulèvent d'importantes questions. Notamment, quelles ont été les conséquences de telles hausses de l'IED sortant pour l'économie canadienne?

La plupart des recherches visant le Canada se sont concentrées sur les conséquences de l'IED pour le pays hôte; en particulier, on suppose souvent que l'IED est une importante source de transfert de technologie au niveau international et, ainsi, de croissance économique au bénéfice de l'économie hôte[3]. Relativement peu d'attention a été accordée à l'impact de l'IED sortant sur le pays d'origine (le Canada). Dans cette étude, nous mesurons un aspect important de ce phénomène, soit son impact sur les exportations canadiennes. Nous sommes d'avis que tout examen des conséquences de l'IED sortant pour l'économie canadienne doit, à tout le moins, envisager l'impact de l'IED sortant sur le commerce du Canada. Ce n'est qu'après avoir compris cette relation que nous pouvons commencer à nous faire une idée du lien qui existe entre l'IED et le bien-être dans l'économie intérieure.

Nous utilisons un modèle de gravité pour mesurer le lien entre l'IED sortant du Canada et les exportations canadiennes dans un contexte bilatéral avec 35 pays au cours de la période 1970-1996. Une opinion répandue est que l'IED sortant contribue à transférer des installations de production du Canada à d'autres endroits, réduisant par le fait même les exportations canadiennes et les niveaux d'emploi au Canada. Nous faisons valoir qu'il n'en est pas nécessairement ainsi. Notamment, dans la mesure où l'IED est un complément des échanges, toute augmentation de l'IED sortant entraînera une augmentation des exportations canadiennes. C'est d'ailleurs le résultat que nous obtenons. Nous procédons à une étude semblable du côté de l'IED entrant, en mesurant le lien entre l'IED qui entre au Canada et les importations. Nous constatons que des niveaux plus élevés du stock d'IED entrant accroissent les importations au Canada, mais que la taille de cet impact n'est que le tiers de celle de l'impact de l'IED sortant sur les exportations. Une interprétation possible de ces résultats est que les niveaux plus élevés d'IED sortant et d'IED entrant ont un impact positif sur le solde commercial du Canada.

L'IED entrant au Canada peut contribuer à transférer la production à faible salaire, peu spécialisée, dans d'autres pays, tout comme elle peut accroître la production de biens à forte valeur ajoutée destinée à l'exportation, entraînant par le fait même une augmentation des emplois hautement rémunérés et spécialisés au Canada. En d'autres termes, il se peut qu'une augmentation de l'IED sortant dans une industrie entraîne une augmentation des exportations dans d'autres industries. Autrement dit, même si l'on constate que la relation intra-sectorielle entre le commerce et l'IED a un caractère de substitution, elle peut avoir une dimension complémentaire lorsqu'on envisage les liens intersectoriels. Par conséquent, cela nous incite à poursuivre l'analyse au niveau de l'industrie.

Nous avons réuni des données comparables sur le commerce et l'IED au niveau de l'industrie, entre le Canada et les États-Unis et le Canada et le Royaume-Uni du côté de l'IED sortant, ainsi qu'entre le Canada et les États-Unis, le Royaume-Uni et le Japon du côté de l'IED entrant. Étant donné le nombre restreint de pays, il n'est pas possible d'estimer un modèle de gravité intégrale pour mesurer les liens entre le commerce et l'IED au niveau de l'industrie. Une telle analyse nécessiterait des données au niveau de l'industrie entre le Canada et plusieurs pays[4]. Par conséquent, nous estimons un modèle beaucoup plus limité qui n'englobe que 13 industries.

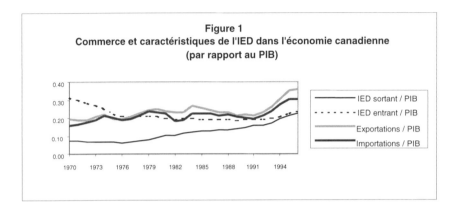

Figure 1
Commerce et caractéristiques de l'IED dans l'économie canadienne
(par rapport au PIB)

Pour les régressions de l'IED sortant, nous observons que le lien entre les exportations et les sorties d'IED est positif dans neuf industries et négatif dans quatre. Parmi les industries où il y a un lien positif, trois coefficients sont statistiquement significatifs. Dans les industries où il y a un lien négatif, trois coefficients sont également significatifs. Notamment, les exportations et l'IED sortant sont complémentaires dans les industries des produits chimiques et textiles, de la construction et des activités connexes et dans celle de l'hébergement, de la restauration, des services récréatifs et de la vente au détail des aliments. Il y a une relation négative, c'est-à-dire de substitution, dans les industries suivantes : machines et matériel, matériel de transport et communications. Dans le cas des régressions visant l'IED entrant, nous observons un lien positif entre les importations et les entrées d'IED dans dix industries et un lien négatif dans deux. Parmi les industries où il y a un lien positif, les dix coefficients sont statistiquement significatifs. Parmi les industries où il y a un lien négatif, un seul coefficient est significatif. Notamment, les importations et l'IED entrant ont un lien de substitution uniquement dans l'industrie du matériel de transport et dans celle des produits électriques et électroniques. Toutefois, on constate, non sans quelque surprise, que ces résultats au niveau de l'industrie ne semblent pas concorder avec les régressions au niveau agrégé, ce qui est peut-être attribuable à la nature préliminaire de nos régressions au niveau de l'industrie. Nous accordons par conséquent plus de poids aux régressions au niveau agrégé.

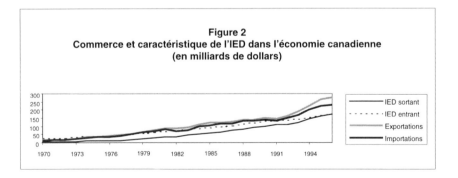

Figure 2
Commerce et caractéristique de l'IED dans l'économie canadienne
(en milliards de dollars)

La présente étude se présente comme suit. Le chapitre 2 renferme un examen des travaux publiés jusqu'à maintenant. Le chapitre 3 renferme une description des données. Il comprend une analyse des données au niveau agrégé ainsi que la répartition industrielle du commerce et de l'IED au Canada. Le chapitre 4 est consacré à un examen des liens théoriques entre les échanges et l'IED, tandis que le chapitre 5 présente les estimations empiriques de ces liens. Au chapitre 6, nous examinons les effets possibles sur le bien-être, tandis que nous offrons nos conclusions au chapitre 7.

2. REVUE DE LA DOCUMENTATION[5]

La documentation empirique sur le commerce international et l'investissement étranger direct est abondante, mais les travaux consacrés aux liens entre commerce et investissement étranger direct sont beaucoup moins nombreux. Nous n'examinerons pas la documentation empirique sur le commerce, qui est déjà bien connue, mais nous examinerons certains des travaux publiés sur les déterminants de l'IED. Cela est particulièrement important parce que ce sont souvent les facteurs à l'origine de l'IED qui déterminent l'impact de celui-ci sur les échanges commerciaux. Nous passons ensuite aux études consacrées au lien entre l'IED ou la production à l'étranger et le commerce.

Les déterminants de l'IED

Il y a une somme considérable de travaux sur les déterminants de l'emplacement des entreprises multinationales ou l'expansion des sociétés qui leur sont affiliées. Les premières études comportaient des enquêtes par questionnaire administrées dans certains pays ainsi qu'une analyse transversale et temporelle de vastes ensembles de données qui faisaient suite à ces enquêtes. En bonne partie, il s'agit d'analyses d'équilibre partiel, mais certaines études d'équilibre général ont été réalisées en s'appuyant sur la théorie des échanges.

Caves (1996) et Dunning (1993) renferment d'excellentes revues de la documentation, dont certaines sont fondées sur les études consacrées aux décisions d'implantation de l'IED sortant et certaines, aux choix en matière d'IED entrant. Les barrières commerciales sont l'un des déterminants de l'IED qui ressort des premières études. On y observe également une relation positive entre l'IED entrant et la taille du PIB, le PIB par habitant et le taux de croissance du marché local. Les variables qui concernent la distance ont également un lien avec les entrées d'IED; à titre d'exemple, il y a un lien positif avec la similitude culturelle et les coûts de transport. Les coûts de production influent fortement sur l'IED uniquement dans le cas de la transformation des biens d'exportation : ainsi, les taux de rémunération ne sont pas un déterminant très concluant de l'IED entrant. Le taux de change exerce une certaine influence si les changements sont de nature durable. Une bonne capacité d'innovation a tendance à attirer l'IED. La disponibilité des ressources naturelles est manifestement un facteur important pour l'IED orienté vers leur exploitation. Le degré de risque et l'instabilité politique jouent également un rôle. De façon plus générale, plusieurs variables liées aux politiques — outre la libéralisation générale des politiques à l'égard de l'IED entrant — peuvent également intervenir dans certaines circonstances. Les stimulants fiscaux peuvent avoir un impact, par exemple dans le cas des choix en matière d'investissement entre des régions ou des pays voisins, toutes choses égales par ailleurs.

Il est important d'ajouter que les signes de ces variables ne sont pas toujours non ambigus et le degré de signification varie selon les tests. Ainsi, il y a ambiguïté au sujet des effets des barrières au commerce une fois que les entreprises sont établies à l'étranger. L'influence de ces variables et d'autres peut varier au gré des ventilations disponibles sur les différentes catégories d'investissements ou d'entreprises — entre les investissements en installations nouvelles et les prises de contrôle, le commerce des biens finals ou des biens intermédiaires, les investissements initiaux ou des expansions subséquentes, et ainsi de suite. Enfin, les déterminants se chevauchent clairement dans certains cas. Une combinaison utile a été utilisée par Dunning dans diverses études. Cet auteur classe l'IED entrant selon qu'il vise à exploiter des ressources naturelles, à pénétrer des marchés, à réaliser des gains d'efficience sur le plan de l'organisation et de l'exploitation de produits ou de procédés ou, encore, qu'il concerne l'acquisition de différentes catégories d'éléments d'actif stratégiques. Bien entendu, ces quatre catégories peuvent aussi se chevaucher.

Sans doute faudrait-il donner une certaine spécificité à ce qui précède en citant les travaux de Robert Grosse et ses collaborateurs, qui ont influencé nos propres tests. Grosse et Trevino (1996) analysent, dans le cadre d'un modèle de gravité, les déterminants des flux d'IED entrant aux États-Unis en provenance de 23 pays, sur une base bilatérale, pour la période 1980-1992. Les résultats qu'ils obtiennent indiquent que les principales sources d'influence positive sur l'IED entrant sont les exportations du pays d'origine aux États-Unis et la taille du marché du pays d'origine. Les principales sources d'influence négative sont les différences culturelles existant entre le pays d'origine et le pays d'accueil (les États-Unis), l'éloignement géographique ainsi que le taux de change. Le risque politique, le coût des fonds, les taux relatifs de rendement et une variable auxiliaire pour le Japon se sont avérés soit non significatifs soit marginalement significatifs. L'analyse a également été effectuée à l'aide de données sur la production à l'étranger comme variable dépendante. Bien que le résultat du test R^2 soit beaucoup plus élevé dans cette dernière analyse, il n'en ressort pas d'écart significatif avec l'analyse précédente. Ce résultat est important parce qu'il vient appuyer l'idée selon laquelle l'IED pourrait être un bon indicateur des ventes à l'étranger.

Grosse (1997) étudie les déterminants des flux agrégés d'IED dans plusieurs économies d'Amérique latine. Il a ainsi calculé des régressions pour les entrées d'IED en fonction de plusieurs déterminants propres à chaque pays. Les variables qui font ressortir une influence positive sur les flux d'IED sont le PIB, le PIB par habitant, l'inflation, l'équilibre budgétaire et les taux d'intérêt. Les variables qui font voir une influence négative sont les réserves officielles, le risque propre au pays, les prix pétroliers et le taux de croissance du PIB. Seule l'estimation du coefficient du taux de croissance du PIB ne prend pas le signe attendu et seule l'inflation et les réserves officielles n'étaient pas statistiquement significatives. Il est intéressant de noter qu'étant donné que le PIB et le commerce total affichent une forte corrélation avec l'IED, l'auteur conserve la variable la plus importante, à savoir le PIB. Autrement dit, il rejette le commerce comme déterminant de l'IED.

L'analyse de Grosse (1997) est étendue aux liens qui existent entre les flux d'IED entrant et la formation de capital. Le modèle compare la croissance de la formation de capital, moins l'IED, avec la croissance de l'IED en Amérique latine. Une corrélation positive entre ces variables indiquerait que l'IED contribue à la formation de capital, tandis qu'une corrélation négative indiquerait qu'elle remplace la formation de capital intérieure. La relation observée est positive et hautement significative. Grosse y voit une indication du fait que les flux d'IED en Amérique latine contribuent effectivement à la formation de capital.

Liens entre commerce et IED

Dans cette partie, nous examinons certains des travaux les plus importants consacrés à ce sujet. La théorie des échanges est elle-même ambiguë sur la question de savoir si le commerce et la mobilité des facteurs sont des substituts. Bien que la théorie d'Heckscher-Ohlin considère les échanges et la mobilité des facteurs comme des éléments substituts, les progrès subséquents de la théorie ont laissé cette question inexpliquée : tout dépend du modèle que l'on utilise. Une enquête récente portant sur la période 1870-1940 rejette l'hypothèse d'une relation de substitution et penche plutôt en faveur d'une relation de complémentarité. Mais cela ne résout pas la question pour ce qui est de la période plus récente (Collins, O'Rourke et Williamson, 1997).

Si nous concentrons notre attention sur l'IED plutôt que sur la migration et les flux de capital plus largement définis, les résultats demeurent ambigus selon le modèle, la nature des échanges et l'expérience propre au pays. Une bonne partie des travaux antérieurs consacrés à la question de l'IED au Canada supposait une relation de substitution dans le cas des biens manufacturés : une fraction importante de l'IED entrant était considérée comme induite, notamment par les mesures de protection. Par ailleurs, l'IED dans le secteur des ressources naturelles était favorable aux échanges, tant pour ce qui est des flux de biens financés par l'investissement international que de l'exportation éventuelle d'une partie des ressources exploitées.

En ce qui a trait aux produits manufacturés, un examen des travaux publiés plus récemment fait ressortir la difficulté d'offrir une réponse claire ou simple en vue d'expliquer les liens qui peuvent exister entre les échanges et l'IED. Les articles parus dans Globerman (1994) donnent un bon aperçu des interrogations que cela soulève. Graham (1994) émet peut-être le meilleur énoncé des questions qui nous intéressent directement dans cette étude. Il affirme que les données pointent en direction d'un appui modeste à la notion voulant que l'IED sortant fasse une contribution positive aux exportations nettes et à la balance des paiements. Cependant, comme Hufbauer et Adler (1968) l'ont démontré de façon empirique dans une étude classique, les résultats dépendent très largement de la façon dont les entreprises s'adaptent en vue d'approvisionner le marché étranger s'il n'y a pas d'IED en provenance du pays d'origine. Les résultats varient en outre selon les régions. Comme Graham le signale également, il n'est pas clair que l'IED à l'étranger soit à l'origine d'une augmentation des exportations ou encore que les deux soient sensibles aux changements qui surviennent dans le processus de production.

Pfaffermayr (1994) utilise une analyse de réponse en impulsion ainsi que des décompositions de la variance afin d'examiner la relation dynamique entre les échanges et les flux d'IED. Utilisant des données trimestrielles agrégées sur les sorties d'IED et les exportations autrichiennes pour la période 1960-1991, l'auteur constate une réaction dynamique très lente des deux variables à un choc exogène touchant l'autre. L'analyse laisse entrevoir la possibilité d'un effet positif d'une augmentation exogène de l'IED sur les exportations, ainsi qu'un effet négatif des exportations sur l'IED. Aucun effet significatif à long terme n'a été décelé.

Rao, Ahmad et Legault (1994) renforcent par leurs résultats empiriques l'opinion selon laquelle les exportations et l'IED canadien sortant sont complémentaires, tout en indiquant par ailleurs que cette dernière variable n'a eu aucun effet significatif sur la formation de capital au Canada. Ces effets macroéconomiques et d'autres ont une importance critique pour l'examen de la délicate question des effets de l'IED sortant sur l'emploi au pays. Gunderson et Verma (1994) explorent cet aspect en détail, ainsi que la question de savoir si l'intégration économique entraîne une harmonisation de la réglementation ouvrière. Ils arrivent à la conclusion que ces questions demeurent largement inexpliquées, en partie à cause d'un manque de données. Ces auteurs et certains autres qui ont contribué à l'ouvrage de 1994 soulignent qu'il y a une plus grande communauté de vue sur le fait que l'IED sortant influe sur la composition de la production globale de façons qui pourraient favoriser les travailleurs plus spécialisés et qui nuiraient à ceux possédant moins de compétences. Cependant, dans un article paru dans le même ouvrage, Blomström et Kokko (1994) expriment la possibilité que l'inverse puisse s'être produit en ce qui a trait à l'IED sortant de Suède.

Rao, Ahmad et Barnes (1996), dans une analyse des profils d'échanges et d'IED parmi les économies de l'APEC, ont observé que la croissance de l'IED a en partie précédé et en partie suivi la croissance des échanges. En outre, les tendances font ressortir une complémentarité plutôt qu'une relation de substitution entre le commerce international et l'IED dans la région de l'APEC. Ils ont testé empiriquement cet aspect en effectuant une régression du ratio des échanges totaux (exportations plus importations) au PIB en fonction du ratio du stock total d'IED (entrées plus sorties), d'une variable auxiliaire pour l'APEC et d'une tendance temporelle. Le coefficient de la variable représentant l'investissement est positif et hautement significatif. Les auteurs interprètent ce résultat comme une indication d'une forte complémentarité entre les échanges totaux et l'IED total pour la région de l'APEC.

La plupart des études consacrées à la question que nous abordons dans ce document envisagent le lien entre les flux ou les stocks d'échanges et d'IED. Brainard (1997) attire l'attention sur plusieurs problèmes que soulèvent de telles études. Elle fait valoir que l'examen du lien entre les exportations et l'investissement étranger direct constitue une erreur conceptuelle puisque la comparaison exacte devrait se faire entre les exportations et la production étrangère. Deuxièmement, l'examen des échanges ne permet pas de faire la distinction entre les échanges au sein des multinationales et des échanges qui se font sans lien de dépendance. Cependant, certaines études ne sont pas visées par ces critiques.

Lipsey et Weiss (1981) utilisent des données sur les exportations des États-Unis et de 13 autres pays importants vers un échantillon de 44 autres pays. En 1970, ces exportations sont mesurées au niveau de l'industrie. Les auteurs utilisent un modèle de gravité tenant compte de la taille du pays, de l'éloignement et de l'adhésion à un bloc commercial et ils ajoutent certaines variables pour décrire l'investissement direct fait par les États-Unis et d'autres pays. La question posée est de savoir si l'investissement direct a un impact quelconque sur les exportations au delà des caractéristiques propres au pays. Les auteurs constatent que, pour les 14 industries étudiées, le niveau d'activité des sociétés affiliées à des entreprises américaines a un lien positif avec les exportations des États-Unis vers ce pays, dans la même industrie, et qu'il y a un lien négatif avec les exportations des producteurs concurrents. La présence d'entreprises de pays étrangers affiche un lien négatif avec les exportations des États-Unis et un lien positif avec les exportations en provenance des pays étrangers. Cela est interprété comme une indication que la production dans des sociétés manufacturières affiliées à des entreprises américaines a tendance à promouvoir les exportations en provenance des États-Unis et que l'activité manufacturière des sociétés affiliées étrangères a tendance à promouvoir les exportations en provenance des pays étrangers. En conséquence, on ne peut dire que, dans l'ensemble, la production d'un pays sur les marchés étrangers se substitue à la production et à l'emploi sur le marché intérieur. En outre, les auteurs constatent que l'éloignement n'est pas un facteur significatif dans l'explication des exportations lorsque les ventes des entreprises affiliées sont incluses comme variable dépendante.

Lipsey et Weiss (1984) utilisent des données non publiées au niveau de l'entreprise recueillies lors de l'enquête de 1970 du Bureau of Economic Analysis et parviennent à améliorer les résultats de leur étude de 1981 en désagrégeant les données en fonction de l'industrie, de l'emplacement des investissements et de la destination des exportations. En comparant la production d'origine américaine et les échanges pour un ensemble de pays, dans diverses industries, les auteurs sont en mesure d'éviter les biais qui pourraient être attribuables à la présence d'un avantage comparatif favorable à la fois au commerce et à l'investissement direct au sein d'une industrie. Les exportations en 1970 vers chacune des cinq régions du monde par des entreprises individuelles sont mises en rapport avec les caractéristiques de la société mère et de la production des entreprises affiliées à l'étranger, ainsi qu'avec la taille du marché de chaque région. Cela est fait dans le cadre d'un modèle de gravité. Les résultats indiquent que les exportations de la société mère vers une région (peu importe que les exportations vers les entreprises non affiliées soient incluses ou non) affichent presque toujours un lien positif avec l'activité manufacturière des entreprises affiliées dans cette région. Autrement dit, des niveaux plus élevés de production des entreprises affiliées vont de pair avec des exportations plus élevées de la société mère. De façon générale, on observe au niveau de l'industrie qu'une production plus grande à l'étranger a pour effet d'accroître les exportations de biens intermédiaires de la société mère, tandis que pour les produits finals, il y a soit un effet positif soit aucun effet.

Horst (1972) utilise des données sur les entreprises américaines affiliées au Canada et observe que la production de ces sociétés augmente parallèlement aux tarifs et que tant la production que les exportations des entreprises affiliées augmentent avec l'intensité de la R-D. Swedenborg (1979) utilise des données au niveau de l'entreprise sur les multinationales suédoises. Les ventes et les exportations des multinationales sont complémentaires au niveau de l'entreprise. La proximité n'est pas prise en considération. Blomström et coll. (1988) utilisent des données au niveau de l'industrie sur des multinationales américaines et suédoises et constatent que les exportations et la production à l'étranger sont complémentaires. La proximité est exclue après avoir été jugée non significative. Grubert et Mutti (1991) constatent que tant les exportations que les ventes des entreprises affiliées augmentent avec l'éloignement, mais que ni l'une ni l'autre de ces variables n'est touchée de façon significative par les tarifs.

L'étude peut-être la plus détaillée sur les liens entre les exportations et la production à l'étranger est celle de Brainard (1997). L'auteur neutralise la simultanéité entre les flux commerciaux et les ventes des multinationales en utilisant la part du commerce total représentée par les ventes des multinationales en tant que variable dépendante et en utilisant des variables instrumentales pour estimer les niveaux des ventes et des échanges des entreprises multinationales. En outre, il s'agit de la première étude où l'on a utilisé une mesure directe des coûts de transport pour chaque produit ainsi que des données désagrégées sur les tarifs; l'auteur inclut également des variables mesurant les avantages liés à la concentration. Brainard utilise un modèle de gravité pour tester l'hypothèse de la proximité-concentration de l'activité des entreprises multinationales. Elle utilise des données en coupe transversale pour l'année 1989 sur les échanges bilatéraux entre les États-Unis et 27 autres pays. Ces données sont désagrégées au niveau de la CTI à trois chiffres. Les données proviennent du Bureau of Economic Analysis des États-Unis. La variable dépendante est la production étrangère des multinationales, tant à l'étranger qu'aux États-Unis. Le modèle de gravité utilisé englobe à la fois des variables agrégées et des variables au niveau de l'industrie. Les mesures agrégées sont le PIB par habitant, les impôts des sociétés et des mesures de l'ouverture aux échanges et à l'IED. Les données au niveau de l'industrie sont les coûts de transport, les tarifs et les économies d'échelle tant au niveau de l'usine qu'au niveau de la société. L'équation de la gravité englobe également des variables auxiliaires pour la stabilité politique, la proximité et la Communauté européenne. Les résultats indiquent que plus les coûts de transport et les barrières commerciales sont élevés et plus les obstacles à l'investissement et les économies d'échelle sont faibles, plus la production à l'étranger augmentera relativement aux exportations.

L'hypothèse de la proximité-concentration testée par Brainard s'applique à la part plutôt qu'au niveau de la production étrangère. En utilisant la part de la production étrangère comme variable dépendante, on évite le problème de simultanéité entre la production et les exportations des entreprises affiliées. En estimant le modèle par niveau, on peut tenir compte du problème de simultanéité grâce à l'utilisation de variables instrumentales dans l'estimation. Les exportations sont représentées par les exportations nettes, c'est-à-dire les exportations totales moins celles des entreprises multinationales (les exportations vers des entreprises affiliées de propriété américaine et les exportations par des entreprises étrangères affiliées aux États-Unis). Une analyse semblable est effectuée du côté de l'IED entrant et mène à des résultats semblables.

Sommaire

Comme nous l'avons indiqué précédemment, la comparaison des exportations et du stock d'IED, ou même des flux d'IED, pose un problème conceptuel. La contrepartie des exportations est la production ou les ventes à l'étranger. Nous aurions préféré envisager le lien entre les exportations canadiennes et la production des entreprises canadiennes à l'étranger dans un cadre bilatéral et par industrie. Malheureusement, de telles données ne sont pas disponibles au Canada. Des données au niveau bilatéral et de l'industrie existent pour les sociétés multinationales américaines. L'avantage d'utiliser des données américaines est, bien entendu, que nous solutionnons ce problème conceptuel. L'inconvénient est que nous pouvons analyser uniquement le comportement des multinationales américaines. Dans la présente étude, nous nous intéressons au comportement des multinationales canadiennes et, par conséquent, nous sommes forcés d'utiliser des données sur l'IED. En conséquence, nous utilisons les stocks d'IED canadiens comme mesure approximative de la production et des ventes à l'étranger des multinationales canadiennes. Les stocks sont une meilleure approximation de la production des multinationales que les flux. Il est également important de signaler que les données sur les flux bilatéraux d'IED ne sont pas disponibles entre le Canada et plusieurs des 35 pays de notre échantillon. À l'appendice C, nous montrons que les stocks d'IED représentent assez bien les ventes à l'étranger pour ce qui est des États-Unis.

Nous estimons un modèle de gravité des échanges du Canada avec 35 pays. À ce modèle de gravité, nous ajoutons des mesures du stock d'IED. Le test consiste donc à voir si l'IED a une valeur de prédiction pour les échanges au delà des déterminants habituels du commerce international. Dans le modèle de gravité, les coûts de transaction sont à l'origine d'un avantage comparatif. La raison pour laquelle nous avons ajouté les stocks d'IED au modèle de gravité des échanges est que la présence de ces stocks pourrait indiquer une réduction des coûts d'information et de transaction entre les deux pays. Par conséquent, plutôt que de servir de moyen supplémentaire de desservir des marchés étrangers, l'IED pourrait améliorer les réseaux et, ainsi, susciter une expansion des échanges internationaux. Cependant, notre test ne permet pas de distinguer entre ces deux explications possibles.

Revue de la documentation

Étude	Titre	Période visée	Méthodologie	Conclusions
Grosse et Trevino (1996)	Foreign Direct Investment in the United States: An Analysis by Country of Origin *Journal of International Business Studies*	1980 à 1992	– Modèle de gravité liant l'IED bilatéral aux États-Unis en provenance de 23 pays à des déterminants propres à chaque pays.	– L'IED entrant a un lien positif avec les exportations du pays d'origine aux États-Unis et la taille du pays. – Influences négatives sur l'IED des différences linguistiques, de l'éloignement géographique et des taux de change. – Le risque politique, le coût des fonds, les taux de rendement relatifs et une variable auxiliaire pour le Japon sont, au mieux, marginalement significatifs.
Grosse (1997)	Foreign Direct Investment into Latin America Document de discussion, Thunderbird Research Centre	1980 à 1994	– Utilise la méthode de la régression pour mesurer les déterminants des flux agrégés d'IED en Amérique latine qui sont propres au pays.	– Les entrées d'IED ont un lien positif avec le PIB, le PIB par habitant, l'inflation, l'équilibre budgétaire. – Les variables qui montrent une relation négative sont les réserves officielles, le risque propre au pays, les prix pétroliers et la croissance du PIB. – L'analyse est étendue de manière à montrer que l'IED entrant en Amérique latine contribue à la formation de capital intérieure.
Jun et Singh (1996)	The Determinants of Foreign Direct Investment in Developing Countries *Transnational Corporations*	1970 à 1993	– Utilise la méthode de la régression pour analyser les déterminants des entrées d'IED agrégées dans 31 pays en développement.	– Observent que l'orientation des exportations se classe parmi les principales variables expliquant l'attrait des entrées d'IED. – Cela est interprété comme étant conforme à une complémentarité croissante entre commerce et IED.
Rao, Ahmad et Legault (1994)	Les multinationales canadiennes : analyse de leurs activités et résultats *Les multinationales canadiennes*			– Les résultats viennent renforcer au niveau empirique l'opinion selon laquelle les exportations et l'IED sortant sont complémentaires. – On n'a observé aucun effet significatif de l'IED sortant sur la formation de capital au Canada.

Revue de la documentation (suite)

Étude	Titre	Période visée	Méthodologie	Conclusions
Rao, Ahmad et Barnes (1996)	L'investissement étranger direct et l'intégration économique de la zone APEC Collection Documents de travail d'Industrie Canada	1980 à 1995	– Utilisent la méthode de la régression pour vérifier l'existence de liens entre le commerce et l'IED dans la région de l'APEC. – Régression du ratio du commerce au PIB par rapport au ratio de l'IED total au PIB, une variable auxiliaire pour l'APEC et une tendance temporelle.	– L'IED a partiellement entraîné et partiellement suivi la croissance des échanges, un résultat que l'on interprète comme une preuve de complémentarité entre le commerce et l'IED dans la région de l'APEC. – Autrement dit, les données indiquent qu'il y a une relation complémentaire forte entre le commerce total et l'IED total dans la région de l'APEC.
Pfaffermayr (1994)	Foreign Investment and Exports: A Time Series Approach *Applied Economics*	1960 à 1991	– Analyse de réponse impulsionnelle et décomposition de la variance.	– Examine la relation dynamique entre les flux de commerce et d'IED de l'Autriche. – Observe une réponse dynamique très lente des deux variables aux chocs exogènes que subit l'autre variable. – Interprète les résultats comme étant la preuve d'un effet positif possible d'une augmentation exogène de l'IED sur les exportations et d'un effet négatif des exportations sur les importations. – Les résultats établissent qu'il y aurait des effets importants à long terme.
Lipsey et Weiss (1981)	Foreign Production and Exports in Manufacturing *Review of Economics and Statistics*	Données de 1970 sur les exportations des États-Unis et de 13 autres grands pays vers 44 pays de destination.	– Utilisent un modèle de gravité liant les exportations à la taille du pays, à l'éloignement et à la participation à un bloc commercial. – Ajoutent à ce modèle des variables mesurant l'investissement direct.	– Pour les 14 industries étudiées, le niveau de l'activité des entreprises américaines affiliées est positivement lié aux exportations des États-Unis vers ce pays et cette industrie et négativement lié aux exportations des producteurs concurrents. – La présence d'entreprises de pays étrangers est liée négativement aux exportations des États-Unis et liée positivement aux exportations des pays étrangers. – Les résultats indiquent que l'activité manufacturière américaine dans les pays étrangers a tendance à promouvoir les exportations en provenance des États-Unis. – Aucune preuve d'une relation de substitution entre la production interne et les exportations.

Revue de la documentation (suite)

Étude	Titre	Période visée	Méthodologie	Conclusions
Lipsey et Weiss (1984)	Foreign Production and Exports of Individual Firms *Review of Economics and Statistics*	Utilisent des données non publiées au niveau de l'entreprise tirées de l'enquête BEA de 1970.	– Les exportations d'entreprises individuelles vers chacune des cinq régions du monde en 1970 sont mises en relation avec les caractéristiques de la société mère et la production des entreprises affiliées à l'étranger et la taille du marché dans chaque région. – Analyse basée sur un modèle de gravité.	– Les résultats indiquent que les exportations de la société mère vers une région (que les exportations des entreprises non affiliées soient incluses ou non) sont presque toujours liées positivement à l'activité manufacturière des entreprises affiliées dans cette région. – Au niveau de l'industrie en général, une augmentation de la production étrangère va de pair avec une augmentation des exportations de biens intermédiaires, tandis que pour les produits finals, on observe un effet positif ou encore aucun effet.
Brainard (1997)	An Empirical Assessment of the Proximity-Concentration Trade-off Between Multinational Sales and Trade *American Economic Review*	Données en coupe transversale sur les échanges bilatéraux entre les États-Unis et 27 autres pays au niveau de l'industrie en 1989.	– Utilise un modèle de gravité pour tester la présence de liens entre les exportations et la production étrangère d'entreprises multinationales. – Les mesures agrégées utilisées dans la régression sont le PIB par habitant, les impôts des sociétés, l'ouverture au commerce et l'IED. – Les mesures relatives à l'industrie sont les coûts de transport, les tarifs et les économies d'échelle. – L'analyse englobe également des variables auxiliaires représentant la stabilité politique, la proximité et la Communauté européenne.	– Les résultats laissent entrevoir que la production étrangère augmente par rapport aux exportations. – Plus les coûts de transport sont élevés plus sont élevés également les barrières commerciales. – Moins sont élevées les barrières à l'investissement moins sont élevées également les économies d'échelle.

3. DESCRIPTION DES DONNÉES

Dans cette étude, nous examinons les liens empiriques entre les exportations canadiennes et les stocks d'IED sortant et entre les importations canadiennes et les stocks d'IED entrant, dans un cadre bilatéral avec 35 pays étrangers. Nous utilisons des données annuelles qui couvrent la période 1970-1996. Les données sur le commerce et l'IED présentées dans ce chapitre proviennent de CANSIM et de Statistique Canada. Des détails supplémentaires sont fournis à l'appendice B.

Le tableau 1 renferme des données sur les caractéristiques des échanges commerciaux et de l'IED de l'économie canadienne. Celles-ci indiquent clairement que tant le commerce international que l'IED sont importants pour l'économie canadienne. En 1970, les exportations et les importations de marchandises représentaient, respectivement, 19 et 16 p. 100 du PIB. Ces chiffres ont augmenté de façon spectaculaire pour atteindre 36 et 30 p. 100 en 1996. Cette évolution ressort également des taux de croissance composés : au cours de la période 1970-1996, les exportations et les importations ont augmenté à des taux réels de croissance dépassant 5 p. 100, tandis que le PIB a progressé à un rythme de 3,39 p. 100.

Si l'on examine l'IED, il est clair qu'il y a une asymétrie dans les tendances des stocks d'IED sortant et entrant au Canada. En 1970, le ratio de l'IED sortant au PIB était de 7 p. 100, tandis que le ratio de l'IED entrant au PIB était de 31 p. 100. L'importance de l'IED entrant a reculé à 21 p. 100 du PIB au cours des années 70 et est demeurée relativement constante à ce niveau durant la période 1980-1996. À l'opposé, l'importance de l'IED sortant a augmenté de façon spectaculaire pour atteindre 22 p. 100 du PIB en 1996. Cela ressort également des taux de croissance composés, l'IED sortant augmentant à un rythme presque deux fois plus élevé que l'IED entrant au cours de la période 1970-1996, soit 13,4 p. 100 contre 7,5 p. 100, respectivement. Une remarque au sujet de ces taux de croissance : puisque l'IED est déclaré au coût historique, nous n'obtenons pas une mesure précise des taux de croissance. Il est clair, toutefois, que l'IED sortant joue un rôle de plus en plus important dans l'intégration économique du Canada à l'économie mondiale.

La conversion des données en valeurs réelles

Les données utilisées dans cette étude sont exprimées en dollars US constants de 1987. Les données sur le PIB et le PIB par habitant pour les 35 pays étrangers et le Canada sont disponibles sous cette forme dans les *PENN World Tables*. Ces données ont été construites avec beaucoup de soin pour permettre les comparaisons internationales (voir Summers et Heston, 1991). Les exportations et les importations canadiennes sont disponibles en dollars canadiens courants. Ces données ont été converties en dollars US constants de 1987.

Contrairement aux exportations et aux importations, la conversion des chiffres sur le stock d'IED canadien de leur valeur actuelle correspondant au coût d'origine en valeur réelle est une tâche passablement difficile. Nous ne connaissons aucune tentative qui aurait été faite pour ainsi réévaluer les données canadiennes. La difficulté que pose cette transformation est liée au fait que l'IED est un stock. Considérons l'équation suivante :

$$FDI_t = FDI_{t-1} + \text{Bénéfices non distribués} + \textbf{Flux nets d'IED} + \text{Appréciation / dépréciation des prix pour } FDI_{t-1}$$

À tout point dans le temps, le niveau de l'IED est défini comme étant le niveau de l'IED au cours de la période précédente plus les bénéfices non répartis plus les flux nets d'IED nouveau plus l'appréciation (ou moins la dépréciation) des prix. Les bénéfices non répartis et les flux sont exprimés en dollars courants et sont tout simplement ajoutés au stock d'IED des années antérieures, lequel n'est pas exprimé en dollars courants. C'est la définition de l'IED aux fins de la balance des paiements. Cependant, il y a un autre élément qui comporte une réévaluation des stocks d'IED. C'est ce dernier élément qui est requis pour convertir l'IED du coût d'origine à sa valeur marchande.

Le Département du Commerce des États-Unis (1995) a publié des chiffres sur les stocks d'IED aux États-Unis à leur coût d'origine, à leur coût de remplacement et à leur valeur marchande, mais les données au niveau du pays et du secteur ne sont disponibles que sur la base du coût historique (valeur comptable). Il existe diverses estimations privées et semi-officielles des différentes évaluations des stocks d'IED des États-Unis et du Royaume-Uni (Bellak et Cantwell, 1996). Une façon simple de rajuster les valeurs des stocks est d'utiliser les changements observés dans les prix des titres, comme l'ont fait Gray et Rugman (1994), mais cela soulève un certain nombre de critiques, qui ont été relevées dans Bellak et Cantwell (1996). Nous avons décidé d'utiliser des données non rajustées.

Description des données agrégées

Nous avons obtenu des données sur les stocks d'IED entrant et sortant, les exportations et les importations au niveau bilatéral entre le Canada et les 35 pays énumérés au tableau 2[6]. Ces données couvrent la période 1970-1996. Les échanges et l'IED du Canada englobent de nombreux pays d'Europe (CE), d'Asie de l'Est (AE) et d'Amérique latine (AL). Toutefois, ce qui ressort immédiatement est l'importance des pays à revenu élevé : sur les 35 pays énumérés, 19 sont des pays à revenu élevé, dix sont des pays à revenu moyen et trois sont des pays à faible revenu. Trois pays (les Bahamas, les Bermudes et les Antilles néerlandaises) n'étaient pas classés.

Le tableau 3 fait voir la répartition des stocks d'IED sortant du Canada, selon leur coût d'origine. Les États-Unis demeurent la principale destination de l'IED sortant du Canada, avec 54,38 p. 100 de l'ensemble des sorties d'IED canadien en 1996. Ce pourcentage était à peu près le même qu'en 1970 (53,96 p. 100), mais avait atteint un sommet de 69,5 p. 100 en 1984, pour diminuer par la suite. En 1970, le Brésil était la deuxième destination la plus importante de l'IED sortant du Canada, avec 9,94 p. 100, ce qui est légèrement plus élevé que le pourcentage du Royaume-Uni pour la même année (9,75 p. 100). Cependant, le Royaume-Uni arrivait en deuxième place en 1973 et y est demeuré par la suite. Comme dans le cas des États-Unis, le pourcentage de l'IED sortant du Canada qui prend la destination du Royaume-Uni a augmenté entre 1970 et 1990, mais a reculé depuis pour retourner à son niveau de 1970. Nous avons observé une réduction marquée du pourcentage de l'IED canadien au Brésil, une réduction moins prononcée dans le cas de l'Australie et une augmentation pour ce qui est de l'Irlande. Dans l'ensemble, toutefois, le pourcentage de l'IED sortant du Canada pour aller dans la Communauté européenne et en Asie de l'Est est en hausse, mais il a diminué en Amérique latine. Le pourcentage de la région de l'APEC a augmenté dans la première partie de la période échantillonnée, mais a reculé au cours des années 90.

Le tableau 4 fait voir la répartition du stock d'IED entrant au Canada. En 1970, 80,57 p. 100 de l'ensemble de l'IED entrant au Canada provenait des États-Unis. Ce ratio est tombé à 64,22 p. 100 en 1990, mais avait remonté à 68,03 p. 100 en 1996 en raison d'une tendance à la hausse qui s'était amorcée en 1993. Le Royaume-Uni était la deuxième plus importante source d'IED au Canada sur l'ensemble de la période étudiée, représentant entre 8 et 13 p. 100 du total. Les Pays-Bas, la France et le Japon et, dans une moindre mesure, Hong Kong et la Suède ont vu leur part de l'IED entrant augmenter.

L'importance relative de l'Allemagne a augmenté au cours de la période 1970-1990, mais elle a diminué durant les années 90. Globalement, le pourcentage de l'IED provenant de la CE et de l'Asie de l'Est a augmenté, mais il a reculé dans le cas de l'APEC et est demeuré à peu près au même niveau pour l'Amérique latine.

Le tableau 5 fait voir la répartition des exportations du Canada vers les 35 pays de notre échantillon. En 1970, 64,8 p. 100 des exportations canadiennes prenaient la destination des États-Unis, un pourcentage qui avait diminué légèrement en 1980, mais qui était remonté à plus de 80 p. 100 en 1996. La deuxième plus importante destination des exportations du Canada en 1970, le Royaume-Uni, a vu sa part diminuer constamment, passant de 8,92 p. 100 à seulement 1,46 p. 100 en 1996, ce qui l'a amené en troisième place. Le Japon était le troisième plus important pays d'exportation du Canada en 1970 et, après une période marquée par une certaine volatilité, il est devenu la deuxième plus importante destination des exportations canadiennes en 1996, à 4,04 p. 100. L'Allemagne a été le quatrième plus important pays d'exportation du Canada sur l'ensemble de la période visée, sa part diminuant de 2,30 p. 100 en 1970 à 1,21 p. 100 en 1996. Dans l'ensemble, les exportations du Canada vers l'APEC ont augmenté au cours de la période étudiée tandis que les exportations vers la CE ont chuté.

Le tableau 6 renferme la répartition des importations du Canada. Le pourcentage des importations provenant des États-Unis a reculé constamment au cours des années 70 et 80, mais il a augmenté durant les années 90. Il y a eu une hausse constante de l'importance du Mexique, de l'Irlande, de Singapour et de l'Indonésie. Dans l'ensemble, toutefois, aucune région n'a enregistré une augmentation ou une diminution constante de son importance relative au cours de la période étudiée.

Nous relevons au tableau 7 que la part de l'IED sortant du Canada qui est allée aux cinq principales destinations a diminué depuis 1980, tandis que la part des exportations du Canada vers ces destinations a augmenté. Du côté entrant, par contre, la part de l'IED représentée par les cinq principaux pays d'origine a diminué. Cela est également vrai pour les importations.

Sommaire

Ces données nous montre le rôle croissant joué par l'IED entrant et sortant dans le processus d'intégration de l'économie canadienne avec la Communauté européenne et l'Asie de l'Est. Par contre, l'importance de ces régions sur le plan des exportations et des importations a diminué ou n'a pas augmenté de façon spectaculaire. L'importance de l'APEC en tant que source d'IED a diminué, tandis qu'elle a augmenté en tant que destination de l'IED sortant du Canada. Par ailleurs, l'importance de l'APEC comme destination des exportations canadiennes n'a cessé d'augmenter, tandis que l'importance du Canada en tant que destination des exportations de l'APEC a été plutôt stable. Il y a très peu d'IED au Canada provenant d'Amérique latine, mais cette région reçoit entre 2 et 3 p. 100 des sorties d'IED du Canada. En outre, le Canada importe 2 à 3 fois plus de l'Amérique latine qu'il n'en exporte vers cette région. Il ne semble pas y avoir de tendance significative dans les données sur les échanges entre l'Amérique latine et le Canada, à l'exception du recul spectaculaire de la place occupée par le Brésil en tant que destination de l'IED canadien.

Description des données au niveau de l'industrie

Les données sur les échanges sont disponibles au niveau de l'industrie selon la classification CTI-E (au niveau de l'établissement) habituelle. Toutefois, les données sur l'IED sont disponibles selon la classification CTI-C (au niveau de l'entreprise). La classification CTI-C suppose un réaménagement de la CTI-E à quatre chiffres afin d'obtenir une nouvelle classification définie spécifiquement pour tenir compte des opérations intégrées des entreprises complexes. Si la CTI-E ne renferme que des catégories spécialisées, la CTI-C renferme à la fois des catégories spécialisées et des catégories d'entreprises ayant des activités multiples.

Ces données sur les échanges en fonction de la CTI-E ont été transformées par les auteurs pour correspondre à la classification CTI-C. Nous avons donc compilé des données directement comparables sur les échanges et l'IED canadiens au niveau de l'industrie. Ces données englobent l'IED sortant et les exportations au niveau de l'industrie pour tous les pays (tableau 8), les États-Unis (tableau 9) et le Royaume-Uni (tableau 10). Du côté entrant, nous avons des données sur l'IED entrant et les importations pour tous les pays (tableau 11), les États-Unis (tableau 12), le Royaume-Uni (tableau 13) et le Japon (tableau 14). Ces données couvrent la période 1983-1995[7].

Le tableau 8a fait voir la répartition du stock d'IED sortant du Canada vers le monde, au niveau de l'industrie. En 1995, près du quart de toutes les sorties d'IED canadien visait le secteur des finances et de l'assurance, suivi par les minéraux métalliques et produits en métal, à 16,22 p. 100, ainsi que celui de l'énergie, à 8,54 p. 100. Les tendances qui ressortent de ces données pour la période 1983-1995 sont notamment des réductions spectaculaires de l'importance relative du secteur de l'énergie, dont la part a chuté de moitié au cours de la période. Le secteur des finances et de l'assurance a vu sa part plus que doubler. Les autres industries en expansion sont les communications; l'hébergement, la restauration, les services récréatifs et la vente au détail des aliments; et, dans une moindre mesure, le matériel de transport et les produits électriques et électroniques. Les industries dont l'importance a diminué sont celles des aliments, boissons et tabac; de l'énergie; des produits chimiques et textiles; ainsi que de la construction et des activités connexes. Les industries du bois et du papier, des machines et du matériel, ainsi que des biens et services de consommation sont demeurées relativement inchangées.

Le tableau 8b fait voir la répartition des exportations du Canada vers le monde, au niveau de l'industrie. Ce qui ressort immédiatement au sujet de l'importance relative des exportations du Canada au niveau de l'industrie est la stabilité. Les industries du matériel de transport, du bois et du papier et de l'énergie demeurent les principales sources d'exportation du Canada, suivies des minéraux métalliques et produits en métal, des produits chimiques et textiles, des produits électriques et électroniques, ainsi que des aliments, boissons et tabac. L'industrie des machines et du matériel et celle des biens et services de consommation ont une importance relative moindre.

Le tableau 9 présente les flux d'exportation et d'IED du Canada vers les États-Unis. L'IED canadien a chuté de façon spectaculaire dans l'industrie de la construction et des activités connexes, celle de l'énergie et celle des produits chimiques et textiles. Ces baisses ont été compensées par des hausses dans l'industrie des communications, celle des finances et de l'assurance et celle de l'hébergement, de la restauration, des services récréatifs et de la vente au détail des aliments, dans une moindre mesure, celle du matériel de transport. Les exportations canadiennes aux États-Unis se retrouvent principalement dans l'industrie du matériel de transport, qui représentait le tiers des exportations canadiennes vers ce pays. D'autres industries importantes à cet égard sont celle du bois et du papier et celle de l'énergie.

Le tableau 10 décrit la position du Canada sur le plan des échanges et de l'IED par rapport au Royaume-Uni. Il y a eu des changements spectaculaires dans cette relation bilatérale. En 1995, la part de l'IED canadien dans l'industrie des aliments, des boissons et du tabac avait chuté au tiers de sa valeur de 1983. La part de l'industrie des minéraux métalliques et des produits en métal avait chuté à moins de la moitié de sa valeur de 1983. L'industrie de la construction et des activités connexes est passée de près de 10 p. 100 en 1983 à moins de 1 p. 100 en 1995. Ces baisses ont été compensées par une croissance spectaculaire dans les communications et les produits électriques et électroniques et une croissance un peu moins forte dans l'industrie de l'énergie et celle du matériel de transport. Les principales industries en ce qui a trait aux exportations canadiennes vers le Royaume-Uni sont celle du bois et du papier, celle des minéraux métalliques et produits en métal et celle de l'énergie.

Le tableau 11 fait voir l'IED entrant et les importations du Canada en provenance du monde. L'industrie des finances et de l'assurance est la plus importante en ce qui a trait aux entrées d'IED, suivie de l'industrie de l'énergie, de celle des produits chimiques et des textiles, de celle du matériel de transport et de celle des aliments, des boissons et du tabac. L'industrie des finances et de l'assurance, celle des produits électriques et électroniques et celle des aliments, des boissons et du tabac ont vu leur importance relative augmenter, tandis que l'industrie de l'énergie a subi une importante baisse. Les autres industries ont été relativement stables. Comme dans le cas des exportations du Canada vers le monde, les importations du Canada en provenance du monde sont assez stables d'une industrie à l'autre. Les importations les plus importantes sont enregistrées dans l'industrie du matériel de transport, celle des produits électriques et électroniques, celle des produits chimiques et des textiles et, enfin, celle des minéraux métalliques et des produits en métal.

Le tableau 12 fait voir des données sur les importations et l'IED entrant au Canada en provenance des États-Unis. Le changement le plus important dans l'IED américain au Canada est la diminution de l'importance du secteur de l'énergie. L'industrie la plus importante pour ce qui est de l'IED des États-Unis au Canada est celle des finances et de l'assurance, suivie de près par l'industrie du matériel de transport, celle des produits chimiques et des textiles et celle de l'énergie. Les principaux secteurs d'importation en provenance des États-Unis demeurent celui du matériel de transport suivi des produits chimiques et des textiles, des produits électriques et électroniques et des machines et du matériel.

Le tableau 13 présente des données sur les importations et l'IED entrant au Canada en provenance du Royaume-Uni. Le tiers de l'IED britannique au Canada se retrouve dans l'industrie des finances et de l'assurance, suivie de celle des aliments, des boissons et du tabac. Ce sont également les deux seules industries qui ont vu leur part augmenter de façon significative. Parmi les industries qui ont enregistré une baisse significative de leur part de l'IED britannique au Canada, il y a celle des biens et services de consommation et celle de l'énergie. Les importations les plus importantes au Canada en provenance du Royaume-Uni se retrouvent dans l'industrie de l'énergie, suivie de l'industrie des produits chimiques et des textiles, celle des machines et du matériel et celle des produits électriques et électroniques. L'industrie des biens et services de consommation et celle des aliments, des boissons et du tabac ont aussi vu leur importance relative diminuer sensiblement.

Le tableau 14 fait voir les données sur les importations et l'IED entrant au Canada en provenance du Japon. L'industrie la plus importante pour l'IED japonais au Canada est celle du matériel de transport, suivie de près par l'industrie du bois et du papier, celle des minéraux métalliques et des produits en métal et celle des finances et de l'assurance. Les importations en provenance du Japon sont concentrées dans trois industries : les produits électriques et électroniques, le matériel de transport et les machines et le matériel.

Les tableaux 15 à 18 renferment aussi des données sur les entrées d'IED et les importations, mais plutôt que d'utiliser la répartition sectorielle de l'IED comme dans les tableaux précédents, nous envisageons la répartition de l'importance des pays d'origine tant pour les entrées d'IED que pour les importations, par secteur et par année. Les États-Unis sont le principal intervenant étranger dans toutes les industries canadiennes au cours de chacune des années et cela, par une marge considérable. À titre d'exemple, en 1995, 87 p. 100 de l'ensemble de l'IED dans l'industrie canadienne des services de transport et dans celle des communications provenait des États-Unis. C'est dans le secteur des finances et de l'assurance que la part détenue par les États-Unis était la moins élevée, mais elle dépassait tout de même 50 p. 100 de l'ensemble de l'IED du secteur. En ce qui a trait aux importations, les États-Unis détenaient une part de plus de 50 p. 100 dans toutes les industries sauf deux : l'énergie et les biens et services de consommation.

Le Royaume-Uni détenait 21 p. 100 de l'IED dans l'industrie des aliments, des boissons et du tabac, 18 p. 100 dans celle des finances et de l'assurance et 10 p. 100 dans l'industrie de la construction et des activités connexes. Pour ce qui est des importations, le Royaume-Uni détenait la part la plus importante des importations totales du Canada dans le secteur de l'énergie, avec moins de 3 p. 100 dans la plupart des autres industries. La seule industrie où le Japon détenait plus de 10 p. 100 de l'IED est celle du bois et du papier. La part la plus importante des importations détenue par le Japon se retrouve dans l'industrie des produits électriques et électroniques, suivie de l'industrie des machines et du matériel et de celle du matériel de transport.

Le tableau 18 fait voir l'importance relative de tous les pays autres que les États-Unis, le Royaume-Uni et le Japon. Si l'on additionne ces trois pays, ils représentent au moins 70 p. 100 du total de chaque industrie et de chacune des années, à quelques exceptions près; dans la plupart des cas, les trois premiers pays représentent au moins 80 p. 100 du total. En 1995, seul le secteur de l'énergie a reçu plus de 30 p. 100 de l'IED en provenance de pays autres que les États-Unis, le Royaume-Uni et le Japon, et seule l'industrie des finances et de l'assurance et celle des minéraux métalliques et des produits en métal ont reçu plus de 20 p. 100 de l'IED de pays autres que les trois mentionnés ci-dessus. Ces chiffres contrastent nettement avec ceux sur les importations, où l'importance relative des autres pays est beaucoup plus grande.

Tableau 1
Caractéristiques des échanges et de l'IED dans l'économie canadienne
(en millions de dollars canadiens / en pourcentage)

	1970	1980	1990	1996
PIB ($)	87 312	303 954	675 852	771 470
Exportations ($)	16 802	76 159	148 979	275 921
Importations ($)	13 952	69 274	136 224	233 114
(ratio)	(1,20)	(1,10)	(1,09)	(1,18)
Stock d'IED sortant ($)	6 520	28 413	98 402	170 845
Stock d'IED entrant ($)	27 374	64 708	130 932	180 394
(ratio)	(0,24)	(0,44)	(0,75)	(0,95)
Exportations / PIB (pourcentage)	0,19	0,25	0,22	0,36
Importations / PIB (pourcentage)	0,16	0,23	0,20	0,30
Stock d'IED sortant / PIB (pourcentage)	0,07	0,09	0,15	0,22
Stock d'IED entrant / PIB (pourcentage)	0,31	0,21	0,19	0,23

Taux de croissance nominal (réel) composé

	1970-1980	1980-1990	1990-1996	1970-1996
PIB ($)	13,3	8,3	2,2	8,7
(réel)	(4,64)	(2,97)	(2,03)	(3,39)
Exportations ($)	16,3	6,9	10,8	11,4
(réelles)	(4,63)	(5,50)	(5,35)	(5,13)
Importations ($)	17,4	7,0	9,4	11,4
(réelles)	(7,28)	(5,45)	(4,54)	(5,94)
Stock d'IED sortant ($)	15,9	13,2	9,6	13,4
Stock d'IED entrant ($)	9,0	7,3	5,5	7,5

Tableau 2
Pays compris dans l'étude

Pays	PIB par habitant*	CE	Asie de l'Est	APEC	Amérique latine
1 États-Unis	E			X	
2 Bahamas					
3 Bermudes					
4 Antilles néerlandaises					
5 Mexique	M			X	X
6 Brésil	M				X
7 Venezuela	M				X
8 Panama	F				X
9 Royaume-Uni	E	X			
10 Irlande	E	X			
11 Pays-Bas	E	X			
12 Allemagne	E	X			
13 Suisse	E				
14 France	E	X			
15 Belgique-Luxembourg	E	X			
16 Grèce	M	X			
17 Espagne	E	X			
18 Italie	E	X			
19 Portugal	M	X			
20 Autriche	E				
21 Danemark	E	X			
22 Norvège	E				
23 Suède	E				
24 Afrique du Sud	M				
25 Singapour	E		X	X	
26 Australie	E			X	
27 Indonésie	F		X	X	
28 Hong Kong	E		X	X	
29 Japon	E		X	X	
30 Taïwan	M		X	X	
31 Malaisie	M		X	X	
32 Corée du Sud	M		X	X	
33 Inde	F				
34 Arabie saoudite	M				
35 Israël	E				

* Indique si un pays est à revenu élevé (E), moyen (M) ou faible (F) tel que classé dans le *World Development Report* de la Banque mondiale. Ne figurent pas dans la liste de la Banque mondiale, les Bahamas, les Bermudes et les Antilles néerlandaises.

Tableau 3
Répartition du stock d'IED sortant du Canada (en pourcentage)

Pays	1970	1980	1990	1996
0 Ensemble des pays	100,00	100,00	100,00	100,00
1 États-Unis	53,96	62,82	61,02	54,38
2 Bahamas	2,87	1,50	1,98	1,40
3 Bermudes	2,09	3,53	1,79	2,00
4 Antilles néerlandaises	0,09	0,54	0,07	0,40
5 Mexique	0,69	0,58	0,25	0,74
6 Brésil	9,94	2,43	1,73	1,61
7 Venezuela	0,18	0,21	0,05	0,21
8 Panama	0,03	0,05	0,02	0,06
9 Royaume-Uni	9,75	10,84	9,78	9,78
10 Irlande	0,66	0,82	1,29	3,53
11 Pays-Bas	0,80	1,06	1,51	1,12
12 Allemagne	1,18	0,97	0,91	1,53
13 Suisse	0,32	1,02	1,28	0,71
14 France	1,26	1,02	1,77	1,62
15 Belgique-Luxembourg	0,61	0,26	0,56	1,83
16 Grèce	0,02	0,11	0,09	0,06
17 Espagne	0,52	0,59	0,53	0,09
18 Italie	0,81	0,44	0,39	0,41
19 Portugal	0,02	0,04	0,12	0,06
20 Autriche	0,15	0,11	0,01	0,12
21 Danemark	0,05	0,28	0,05	0,02
22 Norvège	1,04	0,23	0,06	0,01
23 Suède	0,03	0,04	0,03	0,14
24 Afrique du Sud	1,12	0,56	0,02	0,09
25 Singapour	0,03	0,03	1,87	1,40
26 Australie	3,63	2,44	2,44	1,93
27 Indonésie	0,37	2,08	0,95	0,83
28 Hong Kong	0,00	0,14	0,68	1,37
29 Japon	0,74	0,38	0,93	1,59
30 Taïwan	0,00	0,06	0,16	0,10
31 Malaisie	0,03	0,07	0,08	0,07
32 Corée du Sud	0,00	0,00	0,02	0,08
33 Inde	0,52	0,21	0,10	0,11
34 Arabie saoudite	n.d.	n.d.	n.d.	n.d.
35 Israël	n.d.	n.d.	n.d.	n.d.
Total des pays énumérés	93,51	95,46	96,51	89,40
Répartition régionale				
Communauté européenne	15,68	16,43	20,97	20,05
Asie de l'Est	1,17	2,76	4,69	5,44
APEC (moins les États-Unis)	5,49	5,78	7,38	8,11
États-Unis	53,96	62,82	61,02	54,38
Amérique latine	10,84	3,27	2,05	2,62

n.d. : non disponible.

Tableau 4
Répartition du stock d'IED entrant du Canada (en pourcentage)

Pays	1970	1980	1990	1996
0 Ensemble des pays	100,00	100,00	100,00	100,00
1 États-Unis	80,57	77,84	64,22	68,03
2 Bahamas	0,27	0,20	0,11	0,07
3 Bermudes	0,11	1,02	0,99	0,87
4 Antilles néerlandaises	0,04	0,08	0,07	0,10
5 Mexique	0,02	0,00	0,01	0,13
6 Brésil	n.d.	n.d.	n.d.	n.d.
7 Venezuela	0,01	0,00	0,00	0,00
8 Panama	0,06	0,15	0,09	0,05
9 Royaume-Uni	9,65	8,92	13,13	7,85
10 Irlande	0,02	0,13	0,06	0,05
11 Pays-Bas	1,65	1,88	3,27	4,07
12 Allemagne	1,33	2,79	3,88	3,03
13 Suisse	1,29	1,48	2,21	2,11
14 France	1,74	1,99	2,93	3,18
15 Belgique-Luxembourg	0,95	1,05	0,51	1,81
16 Grèce	0,00	0,00	0,01	0,01
17 Espagne	0,00	0,03	0,03	0,01
18 Italie	0,25	0,10	0,25	0,17
19 Portugal	n.d.	n.d.	n.d.	n.d.
20 Autriche	0,01	0,03	0,19	0,05
21 Danemark	0,05	0,05	0,01	0,11
22 Norvège	0,02	0,03	0,46	0,31
23 Suède	0,46	0,50	0,48	0,61
24 Afrique du Sud	n.d.	n.d.	n.d.	n.d.
25 Singapour	0,00	0,00	0,07	0,18
26 Australie	0,04	0,11	0,58	0,19
27 Indonésie	n.d.	n.d.	n.d.	n.d.
28 Hong Kong	0,07	0,08	1,05	1,67
29 Japon	0,38	0,93	3,99	3,59
30 Taïwan	0,00	0,00	0,01	0,08
31 Malaisie	0,00	0,00	0,02	0,02
32 Corée du Sud	0,00	0,00	0,24	0,10
33 Inde	0,02	0,00	0,01	0,00
34 Arabie saoudite	0,00	0,02	0,05	0,02
35 Israël	0,00	0,00	0,07	0,06
Total des pays énumérés	99,01	99,41	99,00	98,53
Répartition régionale				
Communauté européenne	15,64	16,94	24,08	20,29
Asie de l'Est	0,45	1,01	5,38	5,64
APEC (moins les États-Unis)	0,51	1,12	5,97	5,96
États-Unis	80,57	77,84	64,22	68,03
Amérique latine	0,09	0,15	0,10	0,18

n.d. : non disponible.

Tableau 5
Répartition des exportations du Canada (en pourcentage)

Pays	1970	1980	1990	1996
0 Ensemble des pays	100,00	100,00	100,00	100,00
1 États-Unis	64,80	63,25	74,88	80,99
2 Bahamas	0,10	0,03	0,03	0,01
3 Bermudes	0,07	0,04	0,02	0,01
4 Antilles néerlandaises	0,03	0,01	0,01	0,01
5 Mexique	0,57	0,65	0,44	0,45
6 Brésil	0,55	1,26	0,34	0,52
7 Venezuela	0,67	0,89	0,19	0,23
8 Panama	0,05	0,07	0,01	0,02
9 Royaume-Uni	8,92	4,26	2,38	1,46
10 Irlande	0,09	0,15	0,09	0,09
11 Pays-Bas	1,67	1,89	1,11	0,60
12 Allemagne	2,30	2,19	1,56	1,21
13 Suisse	0,25	0,51	0,71	0,34
14 France	0,93	1,34	0,88	0,63
15 Belgique-Luxembourg	1,14	1,32	0,84	0,56
16 Grèce	0,14	0,17	0,07	0,04
17 Espagne	0,40	0,31	0,26	0,19
18 Italie	1,11	1,32	0,80	0,49
19 Portugal	0,07	0,13	0,12	0,04
20 Autriche	0,05	0,10	0,11	0,15
21 Danemark	0,13	0,12	0,09	0,04
22 Norvège	1,06	0,46	0,37	0,31
23 Suède	0,29	0,38	0,22	0,10
24 Afrique du Sud	0,63	0,27	0,12	0,08
25 Singapour	0,07	0,26	0,27	0,21
26 Australie	1,20	0,89	0,61	0,37
27 Indonésie	0,10	0,28	0,21	0,34
28 Hong Kong	0,13	0,26	0,46	0,44
29 Japon	4,83	5,74	5,52	4,04
30 Taïwan	0,11	0,33	0,54	0,51
31 Malaisie	0,09	0,13	0,17	0,19
32 Corée du Sud	0,11	0,67	1,04	1,02
33 Inde	0,78	0,47	0,22	0,13
34 Arabie saoudite	0,04	0,41	0,19	0,23
35 Israël	0,09	0,15	0,10	0,09
Total des pays énumérés	93,57	90,71	94,98	96,14
Répartition régionale				
Communauté européenne	16,90	13,20	8,20	5,35
Asie de l'Est	5,44	7,67	8,21	6,75
APEC (moins les États-Unis)	7,21	9,21	9,26	7,57
États-Unis	64,80	63,25	74,88	80,99
Amérique latine	1,84	2,87	0,98	1,22

Tableau 6
Répartition des importations du Canada (en pourcentage)

Pays	1970	1980	1990	1996
0 Ensemble des pays	100,00	100,00	100,00	100,00
1 États-Unis	71,10	69,30	64,50	67,60
2 Bahamas	0,05	0,05	0,02	0,01
3 Bermudes	0,00	0,00	0,00	0,00
4 Antilles néerlandaises	0,39	0,11	0,01	0,01
5 Mexique	0,34	0,50	1,28	2,59
6 Brésil	0,35	0,51	0,59	0,49
7 Venezuela	2,43	3,20	0,42	0,31
8 Panama	0,05	0,06	0,00	0,01
9 Royaume-Uni	5,29	2,85	3,55	2,53
10 Irlande	0,09	0,15	0,19	0,25
11 Pays-Bas	0,57	0,36	0,53	0,40
12 Allemagne	2,66	2,13	2,82	2,07
13 Suisse	0,58	0,73	0,48	0,40
14 France	1,14	1,14	1,80	1,46
15 Belgique-Luxembourg	0,37	0,35	0,42	0,37
16 Grèce	0,04	0,04	0,05	0,03
17 Espagne	0,25	0,28	0,36	0,29
18 Italie	1,04	0,90	1,44	1,17
19 Portugal	0,10	0,08	0,13	0,08
20 Autriche	0,33	0,15	0,30	0,26
21 Danemark	0,22	0,17	0,18	0,15
22 Norvège	0,35	0,12	1,24	1,19
23 Suède	0,76	0,61	0,66	0,52
24 Afrique du Sud	0,33	0,54	0,10	0,19
25 Singapour	0,14	0,18	0,41	0,51
26 Australie	1,05	0,75	0,56	0,55
27 Indonésie	0,00	0,08	0,15	0,27
28 Hong Kong	0,56	0,82	0,78	0,49
29 Japon	4,17	4,11	6,99	4,48
30 Taïwan	0,37	0,82	1,55	1,23
31 Malaisie	0,24	0,18	0,28	0,68
32 Corée du Sud	0,10	0,61	1,65	1,17
33 Inde	0,29	0,14	0,17	0,26
34 Arabie saoudite	0,17	3,68	0,52	0,28
35 Israël	0,10	0,08	0,09	0,11
Total des pays énumérés	96,02	95,78	94,22	92,41
Répartition régionale				
Communauté européenne	11,77	8,45	11,47	8,80
Asie de l'Est	5,58	6,80	11,81	8,83
APEC (moins les États-Unis)	6,97	8,05	13,65	11,97
États-Unis	71,10	69,30	64,50	67,60
Amérique latine	3,17	4,27	2,29	3,40

Tableau 7
Concentration de l'IED et des échanges du Canada

	1970	1980	1990	1996
Pourcentage de l'IED sortant représenté par les principales destinations :				
1	53,96	62,82	61,02	54,38
2	63,90	73,66	74,77	64,16
3	73,65	77,19	77,21	67,69
4	77,28	79,63	79,19	69,69
5	80,15	82,06	80,98	71,62
Pourcentage de l'IED entrant représenté par les principales sources :				
1	80,57	77,84	64,22	68,03
2	90,22	86,76	77,35	75,88
3	91,96	89,55	81,34	79,95
4	93,61	91,54	85,22	83,54
5	94,94	93,42	88,49	86,72
Pourcentage des exportations représenté par les principales destinations :				
1	64,80	63,25	74,88	80,99
2	73,72	68,99	80,40	85,03
3	78,55	73,25	82,78	86,49
4	80,85	75,44	84,34	87,70
5	85,52	77,33	85,45	88,72
Pourcentage des importations représenté par les principales sources :				
1	71,10	69,30	64,50	67,60
2	76,39	73,41	71,49	72,08
3	80,56	77,09	75,04	74,67
4	83,22	80,29	77,86	77,20
5	85,65	83,14	79,66	79,27

Tableau 8a
Répartition sectorielle du stock d'IED sortant du Canada vers tous les pays (en pourcentage)

Industrie (CTI-C 1980)	1983	1987	1990	1995
1. Aliments, boissons et tabac	9,01	7,55	8,31	6,75
2. Bois et papier	3,69	3,95	3,84	3,35
3. Énergie	16,63	8,75	7,70	8,54
4. Produits chimiques et textiles	8,85	7,70	7,60	4,67
5. Minéraux métalliques et produits en métal	18,97	15,93	14,38	16,22
6. Machines et matériel	0,44	0,71	1,20	0,81
7. Matériel de transport	1,50	2,09	2,32	2,72
8. Produits électriques et électroniques	3,56	4,70	5,48	5,93
9. Construction et activités connexes	12,57	7,90	7,48	3,28
10. Services de transport	3,28	4,18	4,97	3,47
11. Communications	5,85	7,17	8,21	10,00
12. Finances et assurance	10,79	21,24	23,80	23,67
13. Hébergement, restauration, services récréatifs et vente au détail des aliments	1,23	2,22	2,02	6,23
14. Biens et services de consommation	3,26	5,17	1,50	3,44
15. Autres	0,38	0,74	1,18	0,92
Total	100,00	100,00	100,00	100,00

Tableau 8b
Répartition sectorielle des exportations du Canada vers tous les pays (en pourcentage)

Industrie (CTI-C 1980)	1983	1987	1990	1995
1. Aliments, boissons et tabac	13,21	10,02	9,47	8,27
2. Bois et papier	15,15	17,72	15,95	16,73
3. Énergie	16,57	11,88	13,32	11,30
4. Produits chimiques et textiles	7,49	8,18	7,75	8,74
5. Minéraux métalliques et produits en métal	8,25	8,00	10,32	9,50
6. Machines et matériel	4,77	4,76	4,80	5,35
7. Matériel de transport	27,76	30,77	28,29	28,10
8. Produits électriques et électroniques	4,48	5,72	7,17	8,35
9. Construction et activités connexes	0,90	0,84	0,76	0,67
10. Services de transport	0,00	0,00	0,00	0,00
11. Communications	0,39	0,57	0,40	0,51
12. Finances et assurance	0,00	0,00	0,00	0,00
13. Hébergement, restauration, services récréatifs et vente au détail des aliments	0,00	0,02	0,04	0,04
14. Biens et services de consommation	1,02	1,52	1,72	2,43
15. Autres	0,00	0,00	0,02	0,01
Total	100,00	100,00	100,0	100,00

Tableau 9a
Répartition sectorielle du stock d'IED sortant du Canada aux États-Unis (en pourcentage)

Industrie (CTI-C 1980)	1983	1987	1990	1995
1. Aliments, boissons et tabac	8,59	6,78	8,09	5,76
2. Bois et papier	4,76	3,96	3,99	4,42
3. Énergie	17,79	8,23	8,55	7,71
4. Produits chimiques et textiles	11,76	10,43	10,89	3,84
5. Minéraux métalliques et produits en métal	13,05	14,34	12,88	15,24
6. Machines et matériel	0,18	0,49	0,87	0,64
7. Matériel de transport	0,37	1,68	1,52	2,18
8. Produits électriques et électroniques	4,85	5,36	6,93	5,26
9. Construction et activités connexes	17,17	11,45	8,30	4,93
10. Services de transport	2,27	5,78	6,81	5,17
11. Communications	7,25	8,21	10,24	10,92
12. Finances et assurance	6,11	12,86	16,80	16,02
13. Hébergement, restauration, services récréatifs et vente au détail des aliments	1,82	3,27	2,44	11,15
14. Biens et services de consommation	3,54	6,39	0,83	5,95
15. Autres	0,49	0,76	0,85	0,81
Total	100,00	100,00	100,00	100,00

Tableau 9b
Répartition sectorielle des exportations du Canada aux États-Unis (en pourcentage)

Industrie CTI-C 1980)	1983	1987	1990	1995
1. Aliments, boissons et tabac	4,96	5,28	5,49	5,21
2. Bois et papier	14,95	16,23	14,66	14,20
3. Énergie	19,68	12,89	13,60	12,17
4. Produits chimiques et textiles	6,18	6,44	7,28	8,72
5. Minéraux métalliques et produits en métal	7,08	6,91	7,66	8,62
6. Machines et matériel	4,84	4,86	4,84	5,39
7. Matériel de transport	35,91	38,69	35,86	33,13
8. Produits électriques et électroniques	4,30	5,70	7,66	8,67
9. Construction et activités connexes	0,57	0,70	0,54	0,56
10. Services de transport	0,00	0,00	0,00	0,00
11. Communications	0,49	0,68	0,47	0,57
12. Finances et assurance	0,00	0,00	0,00	0,00
13. Hébergement, restauration, services récréatifs et vente au détail des aliments	0,00	0,03	0,04	0,04
14. Biens et services de consommation	1,06	1,60	1,89	2,71
15. Autres	0,00	0,00	0,02	0,01
Total	100,00	100,0	100,00	100,00

Tableau 10a
Répartition sectorielle du stock d'IED sortant du Canada au Royaume-Uni (en pourcentage)

Industrie (CTI-C 1980)	1983	1987	1990	1995
1. Aliments, boissons et tabac	28,32	20,41	9,56	9,00
2. Bois et papier	2,47	10,29	5,29	2,16
3. Énergie	8,51	8,74	7,39	11,69
4. Produits chimiques et textiles	1,12	1,28	0,44	0,64
5. Minéraux métalliques et produits en métal	24,66	15,57	9,48	11,52
6. Machines et matériel	1,35	3,15	2,44	1,04
7. Matériel de transport	0,00	1,00	2,92	3,11
8. Produits électriques et électroniques	1,80	8,14	6,11	13,02
9. Construction et activités connexes	8,57	2,25	17,51	0,91
10. Services de transport	1,93	0,76	1,32	0,33
11. Communications	2,95	7,90	6,90	29,61
12. Finances et assurance	13,39	17,37	22,24	11,85
13. Hébergement, restauration, services récréatifs et vente au détail des aliments	0,00	0,82	3,90	0,94
14. Biens et services de consommation	4,14	0,98	0,35	1,11
15. Autres	0,77	1,34	4,15	3,07
Total	100,00	100,00	100,00	100,00

Tableau 10b
Répartition sectorielle des exportations du Canada au Royaume-Uni (en pourcentage)

Industrie (CTI-C 1980)	1983	1987	1990	1995
1. Aliments, boissons et tabac	21,78	11,98	10,05	8,99
2. Bois et papier	28,59	34,06	31,97	23,96
3. Énergie	5,18	6,25	10,11	12,34
4. Produits chimiques et textiles	8,12	7,46	5,86	5,46
5. Minéraux métalliques et produits en métal	21,12	19,71	19,81	19,86
6. Machines et matériel	3,80	4,16	5,23	5,11
7. Matériel de transport	3,18	6,26	6,53	4,42
8. Produits électriques et électroniques	5,54	7,70	7,46	16,19
9. Construction et activités connexes	1,11	0,49	0,56	0,40
10. Services de transport	0,00	0,00	0,00	0,00
11. Communications	0,24	0,34	0,45	0,60
12. Finances et assurance	0,00	0,00	0,00	0,00
13. Hébergement, restauration, services récréatifs et vente au détail des aliments	0,00	0,00	0,11	0,05
14. Biens et services de consommation	1,33	1,58	1,77	2,58
15. Autres	0,00	0,00	0,10	0,04
Total	100,00	100,00	100,00	100,00

Tableau 11a
Répartition sectorielle du stock d'IED entrant au Canada de tous les pays (en pourcentage)

Industrie (CTI-C 1980)	1983	1987	1990	1995
1. Aliments, boissons et tabac	5,66	7,03	7,03	9,49
2. Bois et papier	4,09	4,99	5,81	4,70
3. Énergie	25,86	19,48	16,42	11,68
4. Produits chimiques et textiles	11,20	8,55	10,36	10,90
5. Minéraux métalliques et produits en métal	6,34	5,51	7,44	6,07
6. Machines et matériel	3,76	4,05	3,98	4,20
7. Matériel de transport	8,58	12,00	10,02	10,72
8. Produits électriques et électroniques	3,99	6,28	5,56	7,10
9. Construction et activités connexes	5,46	6,10	5,36	6,49
10. + 11. Services de transport et communications	1,61	1,82	2,47	3,02
12. Finances et assurance	13,27	16,99	18,87	18,04
13. Hébergement, restauration, services récréatifs et vente au détail des aliments	n.d.	n.d.	n.d.	n.d.
14. Biens et services de consommation	6,92	4,12	3,86	4,64
15. Autres	3,26	3,06	2,83	2,95
Total	100,00	100,00	100,00	100,00

n.d. : non disponible.

Tableau 11b
Répartition sectorielle des importations au Canada de tous les pays (en pourcentage)

Industrie (CTI-C 1980)	1983	1987	1990	1995
1. Aliments, boissons et tabac	7,72	6,75	6,74	6,21
2. Bois et papier	2,64	2,56	2,74	2,94
3. Énergie	8,01	5,59	6,74	4,04
4. Produits chimiques et textiles	11,84	11,04	11,95	13,58
5. Minéraux métalliques et produits en métal	7,63	7,32	8,05	8,39
6. Machines et matériel	13,03	13,66	13,52	12,91
7. Matériel de transport	30,43	33,40	27,18	26,84
8. Produits électriques et électroniques	11,01	11,75	14,32	17,30
9. Construction et activités connexes	0,61	0,75	0,81	0,65
10. Services de transport	0,00	0,00	0,00	0,00
11. Communications	1,67	1,31	1,59	1,45
12. Finances et assurance	0,00	0,00	0,00	0,00
13. Hébergement, restauration, services récréatifs et vente au détail des aliments	0,01	0,01	0,07	0,05
14. Biens et services de consommation	5,39	5,86	6,26	5,62
15. Autres	0,00	0,00	0,04	0,01
Total	100,00	100,00	100,00	100,00

Tableau 12a
Répartition sectorielle du stock d'IED entrant au Canada des États-Unis (en pourcentage)

Industrie (CTI-C 1980)	1983	1987	1990	1995
1. Aliments, boissons et tabac	5,83	7,31	6,64	8,31
2. Bois et papier	3,75	3,31	6,51	5,15
3. Énergie	26,07	19,99	16,73	9,85
4. Produits chimiques et textiles	12,22	9,61	10,50	11,62
5. Minéraux métalliques et produits en métal	7,18	5,77	6,23	5,86
6. Machines et matériel	4,69	4,71	4,74	4,84
7. Matériel de transport	9,88	14,46	12,52	13,49
8. Produits électriques et électroniques	4,53	7,62	7,19	8,74
9. Construction et activités connexes	2,56	4,96	4,79	6,79
10. + 11. Services de transport et communications	1,83	2,24	3,10	3,93
12. Finances et assurance	11,45	12,46	14,05	13,88
13. Hébergement, restauration, services récréatifs et vente au détail des aliments	n.d.	n.d.	n.d.	n.d.
14. Biens et services de consommation	6,21	4,21	4,19	5,15
15. Autres	3,79	3,34	2,80	2,40
Total	100,00	100,00	100,00	100,00

n.d. : non disponible.

Tableau 12b
Répartition sectorielle des importations au Canada des États-Unis (en pourcentage)

Industrie (CTI-C 1980)	1983	1987	1990	1995
1. Aliments, boissons et tabac	6,17	5,37	5,82	5,43
2. Bois et papier	2,98	2,92	3,43	3,84
3. Énergie	4,58	3,18	3,08	1,49
4. Produits chimiques et textiles	11,77	10,72	12,76	14,47
5. Minéraux métalliques et produits en métal	7,11	6,68	8,40	8,24
6. Machines et matériel	14,20	13,35	14,27	13,18
7. Matériel de transport	37,18	41,41	32,32	33,09
8. Produits électriques et électroniques	10,97	11,84	14,06	14,40
9. Construction et activités connexes	0,57	0,71	0,83	0,59
10. Services de transport	0,00	0,00	0,00	0,00
11. Communications	2,07	1,66	2,05	1,86
12. Finances et assurance	0,00	0,00	0,00	0,00
13. Hébergement, restauration, services récréatifs et vente au détail des aliments	0,02	0,01	0,08	0,06
14. Biens et services de consommation	2,39	2,14	2,87	3,34
15. Autres	0,00	0,00	0,03	0,01
Total	100,00	100,00	100,00	100,00

Tableau 13a
Répartition sectorielle du stock d'IED entrant au Canada du Royaume-Uni (en pourcentage)

Industrie (CTI-C 1980)	1983	1987	1990	1995
1. Aliments, boissons et tabac	9,13	12,68	17,16	20,70
2. Bois et papier	4,74	4,26	1,26	1,51
3. Énergie	19,34	15,31	17,18	11,37
4. Produits chimiques et textiles	11,69	7,75	9,11	8,68
5. Minéraux métalliques et produits en métal	3,56	2,22	5,58	2,80
6. Machines et matériel	0,62	1,06	1,39	2,16
7. Matériel de transport	3,25	3,40	3,10	2,03
8. Produits électriques et électroniques	2,10	3,69	1,74	1,69
9. Construction et activités connexes	7,60	7,32	5,79	6,80
10. + 11. Services de transport et communications	0,92	0,90	1,73	1,27
12. Finances et assurance	25,00	36,14	29,97	33,79
13. Hébergement, restauration, services récréatifs et vente au détail des aliments	n.d.	n.d.	n.d.	n.d.
14. Biens et services de consommation	10,77	4,58	2,91	4,36
15. Autres	1,30	0,69	3,06	2,84
Total	100,00	100,00	100,00	100,00

n.d. : non disponible.

Tableau 13b
Répartition sectorielle des importations au Canada du Royaume-Uni (en pourcentage)

Industrie (CTI-C 1980)	1983	1987	1990	1995
1. Aliments, boissons et tabac	8,05	5,24	5,00	5,05
2. Bois et papier	1,38	1,40	1,36	1,46
3. Énergie	14,64	40,14	43,22	28,50
4. Produits chimiques et textiles	18,17	10,71	11,32	16,37
5. Minéraux métalliques et produits en métal	8,76	7,10	5,43	7,08
6. Machines et matériel	17,88	14,48	13,72	13,95
7. Matériel de transport	13,51	8,39	6,88	10,02
8. Produits électriques et électroniques	5,23	4,74	5,44	11,26
9. Construction et activités connexes	1,89	0,87	0,74	0,78
10. Services de transport	0,00	0,00	0,00	0,00
11. Communications	2,40	1,74	1,91	1,81
12. Finances et assurance	0,00	0,00	0,00	0,00
13. Hébergement, restauration, services récréatifs et vente au détail des aliments	0,02	0,01	0,16	0,06
14. Biens et services de consommation	8,08	5,19	4,67	3,62
15. Autres	0,00	0,00	0,15	0,03
Total	100,00	100,00	100,00	100,00

Tableau 14a
Répartition sectorielle du stock d'IED entrant au Canada du Japon (en pourcentage)

Industrie (CTI-C 1980)	1983	1987	1990	1995
1. Aliments, boissons et tabac	0,73	0,52	0,73	0,55
2. Bois et papier	5,36	4,91	21,02	16,30
3. Énergie	36,10	22,77	-1,21	3,19
4. Produits chimiques et textiles	0,56	0,79	4,22	4,81
5. Minéraux métalliques et produits en métal	4,85	12,25	14,32	13,57
6. Machines et matériel	0,96	5,11	5,20	7,28
7. Matériel de transport	19,80	20,84	14,52	17,65
8. Produits électriques et électroniques	0,68	6,16	5,39	6,07
9. Construction et activités connexes	2,76	0,03	3,41	4,64
10. + 11. Services de transport et communications	0,23	0,36	0,96	0,98
12. Finances et assurance	8,46	12,35	17,03	13,37
13. Hébergement, restauration, services récréatifs et vente au détail des aliments	n.d.	n.d.	n.d.	n.d.
14. Biens et services de consommation	15,45	9,40	7,06	4,43
15. Autres	4,06	4,49	7,36	7,15
Total	100,00	100,00	100,00	100,00

n.d. : non disponible.

Tableau 14b
Répartition sectorielle des importations au Canada du Japon (en pourcentage)

Industrie (CTI-C 1980)	1983	1987	1990	1995
1. Aliments, boissons et tabac	1,31	0,99	0,60	0,45
2. Bois et papier	0,46	0,49	0,35	0,24
3. Énergie	0,02	0,11	0,01	0,02
4. Produits chimiques et textiles	5,73	4,70	3,50	3,97
5. Minéraux métalliques et produits en métal	7,70	4,30	4,22	4,38
6. Machines et matériel	12,76	18,34	14,64	18,35
7. Matériel de transport	40,07	44,52	46,16	31,02
8. Produits électriques et électroniques	24,79	21,87	24,86	38,14
9. Construction et activités connexes	0,54	0,48	0,46	0,29
10. Services de transport	0,00	0,00	0,00	0,00
11. Communications	0,24	0,20	0,21	0,15
12. Finances et assurance	0,00	0,00	0,00	0,00
13. Hébergement, restauration, services récréatifs et vente au détail des aliments	0,00	0,00	0,00	0,01
14. Biens et services de consommation	6,37	4,00	4,96	2,99
15. Autres	0,00	0,00	0,00	0,00
Total	100,00	100,00	100,00	100,00

Tableau 15a
Importance de la propriété américaine dans le stock d'IED au Canada (en pourcentage)

Industrie (CTI-C 1980)	1983	1987	1990	1995
1. Aliments, boissons et tabac	77,20	72,70	60,75	58,88
2. Bois et papier	68,61	46,35	72,11	73,68
3. Énergie	75,57	71,74	65,55	56,76
4. Produits chimiques et textiles	81,75	78,58	65,22	71,77
5. Minéraux métalliques et produits en métal	84,96	73,23	53,93	64,93
6. Machines et matériel	93,59	81,15	76,59	77,54
7. Matériel de transport	86,28	84,26	80,33	84,68
8. Produits électriques et électroniques	85,10	84,76	83,29	82,85
9. Construction et activités connexes	35,16	56,84	57,49	70,32
10. + 11. Services de transport et communications	85,17	85,78	80,96	87,63
12. Finances et assurance	64,70	51,27	47,90	51,75
13. Hébergement, restauration, services récréatifs et vente au détail des aliments	n.d.	n.d.	n.d.	n.d.
14. Biens et services de consommation	67,25	71,32	69,78	74,66
15. Autres	86,96	76,29	63,57	54,81
IDE américain en pourcentage de l'ensemble de l'IED entrant	74,94	69,87	64,22	66,97

n.d. : non disponible.

Tableau 15b
Importance des importations en provenance des États-Unis au Canada (en pourcentage)

Industrie (CTI-C 1980)	1983	1987	1990	1995
1. Aliments, boissons et tabac	56,07	52,56	55,83	58,63
2. Bois et papier	79,09	75,28	81,09	87,43
3. Énergie	40,07	37,56	29,52	24,76
4. Produits chimiques et textiles	69,73	64,15	69,01	71,44
5. Minéraux métalliques et produits en métal	65,36	60,30	67,39	65,84
6. Machines et matériel	76,41	64,53	68,22	68,43
7. Matériel de transport	85,67	81,90	76,87	82,67
8. Produits électriques et électroniques	69,86	66,54	63,47	55,81
9. Construction et activités connexes	65,11	62,18	65,88	61,06
10. Services de transport	0,00	0,00	0,00	0,00
11. Communications	87,00	83,56	83,51	86,24
12. Finances et assurance	0,00	0,00	0,00	0,00
13. Hébergement, restauration, services récréatifs et vente au détail des aliments	81,47	77,22	72,67	85,38
14. Biens et services de consommation	31,06	24,16	29,57	39,87
15. Autres	0,00	0,00	61,95	66,31
Importations des États-Unis en pourcentage de l'ensemble des importations	70,74	67,01	64,52	66,82

Tableau 16a
Importance de la propriété britannique dans le stock d'IED au Canada (en pourcentage)

Industrie (CTI-C 1980)	1983	1987	1990	1995
1. Aliments, boissons et tabac	16,10	22,27	33,79	21,38
2. Bois et papier	11,56	10,56	3,01	3,14
3. Énergie	7,46	9,71	14,48	9,55
4. Produits chimiques et textiles	10,41	11,19	12,18	7,81
5. Minéraux métalliques et produits en métal	5,61	4,98	10,40	4,53
6. Machines et matériel	1,64	3,23	4,84	5,05
7. Matériel de transport	3,77	3,49	4,28	1,85
8. Produits électriques et électroniques	5,25	7,24	4,34	2,34
9. Construction et activités connexes	13,90	14,80	14,97	10,26
10. + 11. Services de transport et communications	5,70	6,10	9,74	4,12
12. Finances et assurance	18,80	26,26	21,99	18,36
13. Hébergement, restauration, services récréatifs et vente au détail des aliments	n.d.	n.d.	n.d.	n.d.
14. Biens et services de consommation	15,53	13,71	10,43	9,22
15. Autres	3,96	2,80	14,97	9,45
IED britannique en pourcentage de l'ensemble de l'IED entrant	9,98	11,71	13,13	8,43

n.d. : non disponible.

Tableau 16b
Importance des importations en provenance du Royaume-Uni au Canada (en pourcentage)

Industrie (CTI-C 1980)	1983	1987	1990	1995
1. Aliments, boissons et tabac	2,47	2,86	2,69	1,99
2. Bois et papier	1,23	2,02	1,80	1,22
3. Énergie	4,32	26,49	23,24	17,29
4. Produits chimiques et textiles	3,63	3,58	3,43	2,95
5. Minéraux métalliques et produits en métal	2,72	3,58	2,44	2,07
6. Machines et matériel	3,24	3,91	3,68	2,65
7. Matériel de transport	1,05	0,93	0,92	0,91
8. Produits électriques et électroniques	1,12	1,49	1,38	1,60
9. Construction et activités connexes	7,28	4,24	3,30	2,91
10. Services de transport	0,00	0,00	0,00	0,00
11. Communications	3,40	4,89	4,36	3,07
12. Finances et assurance	0,00	0,00	0,00	0,00
13. Hébergement, restauration, services récréatifs et vente au détail des aliments	3,15	4,54	8,63	2,85
14. Biens et services de consommation	3,55	3,27	2,71	1,58
15. Autres	0,00	0,00	14,86	10,32
Importations du Royaume-Uni en pourcentage de l'ensemble des importations	2,39	3,71	3,55	2,43

Tableau 17a
Importance de la propriété japonaise dans le stock d'IED au Canada (en pourcentage)

Industrie (CTI-C 1980)	1983	1987	1990	1995
1. Aliments, boissons et tabac	0,29	0,21	0,41	0,23
2. Bois et papier	2,91	2,83	14,39	13,81
3. Énergie	3,11	3,36	-0,29	1,09
4. Produits chimiques et textiles	0,11	0,26	1,62	1,76
5. Minéraux métalliques et produits en métal	1,70	6,40	7,66	8,90
6. Machines et matériel	0,57	3,63	5,19	6,92
7. Matériel de transport	5,13	4,99	5,76	6,57
8. Produits électriques et électroniques	0,38	2,82	3,86	3,41
9. Construction et activités connexes	1,13	0,02	2,53	2,85
10. + 11. Services de transport et communications	0,31	0,57	1,55	1,30
12. Finances et assurance	1,42	2,09	3,59	2,95
13. Hébergement, restauration, services récréatifs et vente au détail des aliments	n.d.	n.d.	n.d.	n.d.
14. Biens et services de consommation	4,97	6,56	7,27	3,81
15. Autres	2,77	4,21	10,34	9,67
IED japonais en pourcentage de l'ensemble de l'IED entrant	2,22	2,87	3,99	4,06

n.d. : non disponible.

Tableau 17b
Importance des importations en provenance du Japon au Canada (en pourcentage)

Industrie (CTI-C 1980)	1983	1987	1990	1995
1. Aliments, boissons et tabac	1,06	1,06	0,63	0,39
2. Bois et papier	1,09	1,39	0,91	0,45
3. Énergie	0,02	0,14	0,01	0,03
4. Produits chimiques et textiles	3,03	3,10	2,08	1,60
5. Minéraux métalliques et produits en métal	6,32	4,27	3,71	2,85
6. Machines et matériel	6,13	9,75	7,67	7,77
7. Matériel de transport	8,25	9,69	12,03	6,32
8. Produits électriques et électroniques	14,10	13,53	12,30	12,05
9. Construction et activités connexes	5,55	4,65	4,06	2,42
10. Services de transport	0,00	0,00	0,00	0,00
11. Communications	0,91	1,11	0,93	0,56
12. Finances et assurance	0,00	0,00	0,00	0,00
13. Hébergement, restauration, services récréatifs et vente au détail des aliments	0,23	0,35	0,51	0,84
14. Biens et services de consommation	7,40	4,96	5,61	2,91
15. Autres	0,00	0,00	0,60	1,21
Importations du Japon en pourcentage de l'ensemble des importations	6,03	6,84	6,99	5,36

Tableau 18a
Importance de la propriété de l'ensemble des autres pays dans le stock d'IED au Canada
(pourcentage)

Industrie (CTI-C 1980)	1983	1987	1990	1995
1. Aliments, boissons et tabac	6,41	4,82	5,05	19,51
2. Bois et papier	16,92	40,25	10,49	9,37
3. Énergie	13,87	15,21	20,26	32,60
4. Produits chimiques et textiles	7,73	9,96	20,98	18,67
5. Minéraux métalliques et produits en métal	7,73	15,39	28,01	21,64
6. Machines et matériel	4,21	11,99	13,38	10,49
7. Matériel de transport	4,81	7,26	9,63	6,90
8. Produits électriques et électroniques	9,27	5,17	8,52	11,39
9. Construction et activités connexes	49,82	28,35	25,00	16,57
10. + 11. Services de transport et communications	8,82	7,55	7,76	6,95
12. Finances et assurance	15,09	20,37	26,52	26,94
13. Hébergement, restauration, services récréatifs et vente au détail des aliments	n.d.	n.d.	n.d.	n.d.
14. Biens et services de consommation	12,25	8,41	12,51	12,30
15. Autres	6,31	16,70	11,12	26,07
IED de tous les autres pays en pourcentage de l'ensemble de l'IED entrant	12,86	15,55	18,66	20,54

n.d. : non disponible.

Tableau 18b
Importance des importations en provenance de tous les autres pays au Canada (en pourcentage)

Industrie (CTI-C 1980)	1983	1987	1990	1995
1. Aliments, boissons et tabac	40,40	43,51	40,85	38,98
2. Bois et papier	18,58	21,31	16,20	10,91
3. Énergie	55,59	35,82	47,23	57,92
4. Produits chimiques et textiles	23,62	29,17	25,48	24,00
5. Minéraux métalliques et produits en métal	25,61	31,85	26,46	29,24
6. Machines et matériel	14,21	21,81	20,43	21,16
7. Matériel de transport	5,04	7,49	10,18	10,10
8. Produits électriques et électroniques	14,92	18,44	22,85	30,55
9. Construction et activités connexes	22,06	28,92	26,76	33,60
10. Services de transport	0,00	0,00	0,00	0,00
11. Communications	8,69	10,45	11,19	10,13
12. Finances et assurance	0,00	0,00	0,00	0,00
13. Hébergement, restauration, services récréatifs et vente au détail des aliments	15,16	17,88	18,19	10,94
14. Biens et services de consommation	57,99	67,61	62,12	55,64
15. Autres	0,00	0,00	22,60	22,16
Importations en provenance de tous les autres pays en pourcentage de l'ensemble des importations	20,84	22,44	24,94	25,39

4. MODÉLISATION DES LIENS ENTRE COMMERCE ET IED

Les entreprises peuvent approvisionner les marchés étrangers de diverses façons. La plus évidente est, bien entendu, d'y exporter. Mais cela engendre des coûts de transport et des coûts connexes tels que les assurances, les tarifs et les considérations relatives au taux de change. Nous définissons les coûts de transfert de manière à ce qu'ils englobent tous ces coûts. L'IED est un autre moyen de desservir les marchés étrangers. En établissant des installations de production à l'étranger, l'entreprise évite les coûts de transfert que comporte l'exportation, mais elle doit assumer les coûts supplémentaires de la gestion des installations de production à l'étranger. En présence de rendements d'échelle croissants au niveau de la production, la décision revient à un arbitrage entre les économies d'échelle et les coûts de transfert. De toute évidence, plus les économies d'échelle sont importantes, moins il est probable qu'il y aura d'IED : si les économies d'échelle sont importantes par rapport aux coûts de transfert, l'entreprise conserve toute la production au pays et elle a recours à l'exportation. Par ailleurs, lorsque les économies d'échelle sont modestes par rapport aux coûts de transfert, il est plus probable que ces derniers seront supérieurs aux avantages d'une production centralisée. Bref, le commerce et l'IED sont des substituts dans ce scénario. Qui plus est, l'IED sera de nature horizontale.

Afin d'analyser le lien entre commerce et IED, il ne suffit pas d'examiner simplement la corrélation qui peut exister entre les échanges et l'investissement étranger direct. Nous devons prendre en considération un modèle formel du commerce international. Le commerce international est déterminé par une fonction quelconque de l'avantage comparatif. Les trois grands modèles du commerce international font chacun appel à une source différente d'avantage comparatif. Le modèle de la concurrence monopolistique invoque les rendements d'échelle croissants ou à la différenciation des produits; le modèle d'Heckscher-Ohlin fait appel à la dotation en facteurs, tandis que le modèle de gravité repose sur les coûts de transaction (définis largement), comme source d'avantage comparatif.

Deardorff (1995) a démontré que le modèle de gravité peut, en fait, représenter un modèle d'échanges alternatif. Autrement dit, l'équation de la gravité est une conséquence vérifiable du modèle de la concurrence monopolistique et du modèle d'Heckscher-Ohlin. Par conséquent, l'utilisation du modèle de gravité pour tester l'un de ces modèles par rapport à l'autre peut nous induire en erreur parce que l'équation de la gravité est compatible avec ces deux modèles d'échanges. C'est là une bonne raison qui nous incite à utiliser le modèle de gravité parce que, dans le contexte de la présente étude, nous ne cherchons pas à déterminer quel modèle convient le mieux pour expliquer les échanges internationaux du Canada. Plutôt, nous voulons simplement modéliser les liens entre l'IED sortant et les exportations du Canada. Par conséquent, nous utiliserons le modèle de gravité pour mesurer les liens existants entre commerce et IED.

Le modèle de gravité

Le modèle de gravité a été utilisé pour expliquer les flux commerciaux bilatéraux entre un vaste groupe de pays et sur de longues périodes de temps (Frankel, Stein et Wei, 1995; et Hejazi et Trefler, 1996). Nous utiliserons le modèle de gravité pour expliquer les flux commerciaux entre le Canada et les pays pour lesquels des données sur l'IED bilatéral existent. Au niveau agrégé, cela englobe les exportations du Canada vers 33 pays au cours de la période 1970-1996. Au niveau de l'industrie, cela englobe le commerce entre le Canada et les États-Unis, entre le Canada et le Royaume-Uni, ainsi que les importations en provenance du Japon sur la période 1983-1995. L'analyse sera étendue pour tenir compte de l'IED en tant que déterminant supplémentaire du commerce international. Une telle analyse nous dira s'il y a une relation entre les échanges internationaux et l'IED, après avoir neutralisé les effets associés à l'avantage comparatif. Les résultats indiqueront de façon empirique si le commerce international et l'IED sont des substituts ou des compléments.

Supposons t comme indice des années, i comme indice du pays exportateur (le Canada), j comme indice du pays importateur et supposons que X_{ijt} désigne les exportations bilatérales du pays i vers le pays j au cours de l'année t. Supposons que T_{ijt} désigne les coûts de transaction largement définis. Le modèle de gravité peut alors être exprimé de la façon suivante :

$$\ln(X_{ijt}) = \alpha + \ln(T_{ijt})\beta + O_{ijt} \tag{1}$$

Les variables afférentes aux coûts de transaction sont notamment (en supposant que gdp désigne le produit intérieur brut) :

Variables	Description	Signe attendu dans la régression sur le commerce
$gdppc_{it}\ gdppc_{jt}$	Produit du PIB par habitant dans les pays i et j	+
$gdp_{it}\ gdp_{jt}$	Produit des PIB des pays i et j	+
Distance$_{ij}$	Mesure de l'éloignement entre les pays i et j	−
Langue$_{ij}$	Variable auxiliaire égale à l'unité si les pays i et j partagent la même langue.	+
Taux de change	Valeur du dollar canadien dans la devise étrangère.	− pour les exportations + pour les importations
Variables auxiliaires		
ADJ	Égale à l'unité pour les États-Unis et à zéro dans les autres cas.	?
EC	Égale à l'unité pour les pays de la CE et à zéro dans les autres cas.	?
Asie de l'Est	Égale à l'unité pour les pays de l'Asie de l'Est et à zéro dans les autres cas.	?
Amérique latine	Égale à l'unité pour les pays d'Amérique latine et à zéro dans les autres cas.	?
APEC	Égale à l'unité pour les pays de l'APEC et à zéro dans les autres cas.	?
Temps	Tendance temporelle	?

L'idée est que les pays de taille et de PIB par habitant comparables ont des besoins semblables pour ce qui est tant des facteurs intermédiaires (Ethier, 1982) que des profils de consommation. En outre, le commerce entre deux pays devrait être positivement lié aux revenus des deux pays[8]. En outre, les pays rapprochés géographiquement et ceux qui partagent la même langue auront de faibles coûts de transaction et, par conséquent, des niveaux élevés d'échanges bilatéraux. Le taux de change devrait avoir un impact opposé dans les régressions sur les exportations et les importations : un taux de change élevé devrait accroître les importations mais réduire les exportations. De plus, nous avons ajouté des variables auxiliaires pour les groupes régionaux tels que la Communauté européenne (CE), l'Asie de l'Est (AE), l'Amérique latine (AL) et l'APEC. Ces variables visent à mesurer les profils durables de commerce au sein des blocs régionaux qui ne sont pas saisis par les variables de gravité.

Étant donné que nous nous intéressons aux exportations canadiennes vers les autres pays, $i = C$, qui désigne le Canada :

$$\ln(X_{Cjt}) \;=\; \alpha \,+\, \ln(T_{Cjt})\beta \,+\, 0_{Cjt} \tag{2}$$

Le lecteur qui est familiarisé avec ces travaux reconnaîtra que, dans la présente section, nous tentons de suivre aussi fidèlement que possible le travail de Frankel et coll. Cela nous permet de faire des comparaisons simples avec les travaux antérieurs. Il est reconnu, comme dans Hejazi et Trefler (1996), que l'importance des coûts de transaction en tant que facteur influant sur le commerce varie d'une industrie à l'autre. En d'autres termes, l'importance de l'éloignement et de la langue devrait varier entre les industries. L'équation de la gravité au niveau de l'industrie prend la forme suivante :

$$\ln(X_{Cjgt}) \;=\; \alpha \,+\, \ln(T_{Cjgt})\beta \,+\, 0_{Cjgt} \tag{3}$$

où g désigne l'industrie (ou le bien). Bien entendu, les variables représentant la distance et la langue ne varieront pas par industrie, mais la variable dépendante (les exportations) variera. En outre, nous utilisons toujours des mesures agrégées du PIB plutôt que la production au niveau de l'industrie étant donné que des données à ce niveau ne sont pas disponibles systématiquement pour tous les pays.

Après avoir estimé le modèle de gravité, l'IED est ajouté en tant que déterminant supplémentaire du commerce. Cela se fait au niveau agrégé :

$$\ln(X_{Cjt}) \;=\; \alpha \,+\, \ln(T_{Cjt})\beta \,+ \ln(\text{FDI}_{Cjt})\delta +\, 0_{Cjt} \tag{4}$$

et au niveau de l'industrie :

$$\ln(X_{Cjgt}) \;=\; \alpha \,+\, \ln(T_{Cjgt})\beta \,+ \ln(\text{FDI}_{Cjgt})\delta +\, 0_{Cjgt} \tag{5}$$

Intuitivement, l'IED entre bien dans le modèle de gravité. Selon ce modèle, les coûts de transaction, définis de façon étendue, sont la source de l'avantage comparatif. La présence de l'IED indiquerait que des liens ou des réseaux ont déjà été établis dans le pays étranger et que, par conséquent, les coûts liés à l'exportation devraient être moins élevés. Il s'ensuit que les exportations devraient augmenter. Le commerce et l'IED sont donc complémentaires. Nous avons les données nécessaires pour tester cette hypothèse[9, 10].

5. ESTIMATION ET INTERPRÉTATION DES RÉSULTATS

Régressions au niveau agrégé

Le tableau 19 renferme les estimations du modèle de gravité pour les exportations et l'IED sortant[11]. Dans la colonne (i), Nous avons un modèle de gravité qui englobe des variables de gravité courantes. Les exportations canadiennes ont un lien positif avec le produit des PIB, le produit des PIB par habitant et la similitude linguistique, mais un lien négatif avec la distance qui sépare les pays et le taux de change. Toutes les variables de gravité ont le signe attendu. La tendance temporelle est négative, ce qui indique que les exportations canadiennes ont augmenté moins rapidement que le modèle de gravité l'avait prédit.

La colonne (ii) vient ajouter nos variables auxiliaires à la régression. Non seulement les signes des variables initiales demeurent-ils inchangés après cet ajout, mais les estimations des coefficients montrent peu de variation. L'exception à cette règle est la variable représentant la langue qui devient moins importante et celle du taux de change qui devient plus importante. La variable de proximité est positive et statistiquement significative, ce qui indique que le Canada a davantage d'échanges commerciaux avec les États-Unis que ne le prédit le modèle de gravité. Les autres variables dont le coefficient est positif sont celles qui représentent la Communauté européenne, l'Asie de l'Est et l'Amérique latine, mais la variable de l'APEC est négative. Dans la colonne (iii), les sorties d'IED du Canada sont ajoutées en tant que déterminant supplémentaire des exportations. Manifestement, le coefficient est positif et fortement significatif. Cela veut dire qu'une augmentation des sorties d'IED du Canada accroît les exportations canadiennes vers le pays en question. En d'autres termes, il y a une relation de complémentarité entre l'IED sortant et les exportations[12].

Le tableau 20 renferme les estimations du modèle de gravité pour les importations et les entrées d'IED. Dans la colonne (i), nous avons un modèle de gravité qui renferme les variables de gravité habituelles. Les importations canadiennes ont un lien positif avec le produit des PIB, le produit des PIB par habitant et la similitude linguistique, mais un lien négatif avec la distance qui sépare les pays. Le taux de change a un effet positif sur les importations et, par conséquent, il arbore le bon signe. La tendance temporelle est négative, ce qui indique que les importations ont augmenté moins rapidement que ne l'avait prédit le modèle de gravité. La colonne (ii) ajoute nos variables auxiliaires à la régression. Bien que les signes des variables initiales demeurent inchangés après cet ajout, l'importance relative du PIB, du PIB par habitant, de la distance et de la langue augmente. L'exception à cette règle est le taux de change : il est maintenant négatif et statistique non significatif en tant que source de prédiction des importations[13]. La variable représentant la proximité est positive mais statistiquement non significative. Les variables représentant l'Amérique latine et l'Asie de l'Est sont fortement positives, tandis que celles représentant l'APEC et la Communauté européenne sont fortement négatives. Dans la colonne (iii), les entrées d'IED au Canada sont ajoutées en tant que déterminant supplémentaire des importations. Le coefficient ne représente que le tiers de la taille de l'impact des sorties d'IED sur les exportations et il est statistiquement non significatif. En d'autres termes, il n'y a pas de preuve concluante d'une complémentarité du côté de l'IED entrant.

Régressions au niveau de l'industrie

Nous avons également mesuré les liens entre le commerce et l'IED au niveau de l'industrie. Les résultats sont présentés aux tableaux 21 et 22. Cependant, une réserve importante doit être faite au sujet de ces résultats : nous n'avons pas estimé un modèle des échanges entièrement développé au niveau de l'industrie. Puisque nous n'avons que des données sur le commerce et l'IED bilatéraux au niveau de l'industrie du côté sortant, entre le Canada et les États-Unis et le Canada et le Royaume-Uni, et du côté entrant entre le Canada et les États-Unis, le Royaume-Uni et le Japon, nous ne pouvons pas utiliser les variables représentant la distance, la langue et le taux de change; il n'y a donc tout simplement pas assez de variabilité pour déterminer les effets autonomes de ces variables. Afin de pouvoir utiliser un modèle de gravité entièrement développé, nous aurions besoin de données bilatérales au niveau de l'industrie pour au moins les pays du G7 et peut-être davantage. Ces données sont disponibles auprès de Statistique Canada selon une formule de récupération des coûts et leur inclusion dans une analyse semblable à celle que renferme ce document permettrait d'améliorer la robustesse des résultats des régressions que nous présentons ici au niveau de l'industrie.

Néanmoins, nous présentons certaines régressions au niveau de l'industrie, mais nous utilisons uniquement le PIB comme variable indépendante. Autrement dit, nous effectuons une régression des exportations au niveau de l'industrie en fonction du produit des PIB des deux pays (le Canada et le pays d'accueil), puis nous ajoutons l'IED en tant que déterminant supplémentaire des exportations. Nous faisons la même chose du côté des importations. Il ressort immédiatement que la relation entre le commerce et l'IED varie beaucoup entre les diverses industries.

Les résultats des régressions présentés aux tableaux 21 et 22 sont résumés au tableau 23. Pour les régressions portant sur les exportations, nous observons un lien positif entre les exportations et les sorties d'IED dans neuf industries, mais seulement trois coefficients sont statistiquement significatifs. Ces neuf industries représentent 58 p. 100 de l'IED sortant et 66 p. 100 des exportations; les trois industries statistiquement significatives ne représentent que 14 p. 100 des sorties d'IED et 9 p. 100 des exportations. Il y a quatre industries où l'on observe un lien négatif entre les exportations et les sorties d'IED, dont trois sont statistiquement significatives. Ces quatre industries représentent 14 p. 100 de l'IED sortant et 34 p. 100 des exportations; les trois industries statistiquement significatives représentent 14 p. 100 des sorties d'IED et 34 p. 100 des exportations.

Pour ce qui est des régressions du côté des importations, nous observons un lien positif entre l'IED entrant et les importations dans dix industries et tous les coefficients sont statistiquement significatifs. Ces dix industries représentent 64 p. 100 des entrées d'IED et 78 p. 100 des importations. Il y a deux industries où l'on observe une relation négative entre les importations et l'IED entrant et l'une est statistiquement significative. Ces deux industries représentent 18 p. 100 des entrées d'IED et 22 p. 100 des importations; l'industrie dont le coefficient est significatif compte pour 7 p. 100 de l'IED entrant et 14 p. 100 des importations.

Par conséquent, si l'on considère uniquement les signes mais non la signification statistique, du côté tant des entrées que des sorties, il y a beaucoup plus d'échanges commerciaux et d'IED dans les industries qui se caractérisent par une relation de complémentarité que dans celles où il y a une relation de substitution. Ces résultats concordent avec ceux des régressions effectuées avec des données agrégées que nous avons présentées aux tableaux 20 et 21. Cependant, lorsque nous tenons compte de la signification statistique de ces relations, nous voyons que, du côté des importations, il y a encore une fois beaucoup plus d'échanges commerciaux et d'IED dans les industries qui se caractérisent par une relation de complémentarité que dans celles où il y a une relation de substitution. Cependant, cette logique ne tient pas du côté des sorties. Lorsque la signification statistique est prise en compte, nous voyons qu'il n'y a que marginalement plus d'exportations dans les industries où l'on observe une complémentarité, mais beaucoup moins d'IED. Ce dernier résultat ne concorde pas avec les résultats des régressions au niveau agrégé. Il est important de signaler que les régressions au niveau agrégé englobent 33 pays, tandis que les régressions au niveau de l'industrie ne portent que sur quelques pays. Par conséquent, nous accordons beaucoup plus de poids aux régressions au niveau agrégé étant donné la nature partielle des régressions au niveau de l'industrie.

Tableau 19
Régressions du modèle de gravité pour les exportations et l'IED sortant

	Variable dépendante : exportations bilatérales		
	(i)	(ii)	(iii)
PIB par habitant	0,505 (8,12)	0,548 (9,18)	0,506 (8,34)
PIB	0,875 (45,62)	0,862 (58,28)	0,802 (38,24)
Distance	-0,364 (-5,28)	-0,336 (-4,40)	-0,371 (-4,71)
Langue	0,713 (13,61)	0,660 (13,11)	0,560 (9,97)
Taux de change (PPA)	-0,222 (-2,21)	-0,471 (-4,92)	-0,449 (-4,87)
Temps	-0,046 (-11,41)	-0,048 (-13,21)	-0,051 (-13,68)
Proximité		1,58 (10,01)	1,451 (8,92)
Communauté européenne		0,020 (0,26)	-0,043 (-0,56)
Asie de l'Est		1,244 (15,67)	1,254 (16,17)
APEC		-0,320 (-4,35)	-0,351 (-4,85)
Amérique latine		0,691 (9,33)	0,607 (7,53)
IED sortant			0,070 (4,55)
R^2 rajusté	0,801	0,870	0,873
Nombre d'observations	810	810	810

Tableau 20
Régressions du modèle de gravité pour les importations et l'IED entrant

	Variable dépendante : importations bilatérales		
	(i)	(ii)	(iii)
PIB par habitant	1,205 (15,43)	1,021 (14,22)	0,983 (10,98)
PIB	0,785 (37,84)	0,815 (46,00)	0,797 (29,12)
Distance	-0,432 (-5,46)	-0,962 (-7,89)	-0,974 (-7,83)
Langue	0,588 (9,41)	0,647 (12,70)	0,605 (9,82)
Taux de change (PPA)	0,466 (4,58)	-0,064 (-0,76)	-0,032 (-0,37)
Temps	-0,034 (-7,96)	-0,038 (-9,60)	-0,037 (-8,34)
Proximité		0,280 (1,24)	0,210 (0,88)
Communauté européenne		-0,403 (-7,12)	-0,409 (-7,48)
Asie de l'Est		1,80 (16,62)	1,761 (13,59)
APEC		-0,512 (-4,21)	-0,467 (-3,29)
Amérique latine		0,598 (5,11)	0,570 (4,41)
IED entrant			0,020 (1,10)
R^2 rajusté	0,788	0,893	0,893
Nombre d'observations	694	694	694

Tableau 21
Régressions au niveau de l'industrie : exportations et IED sortant

Industrie	$EXP = \alpha_0 + \alpha_1 GDP_C * GDP_i + \varepsilon$			$EXP = \beta_0 + \beta_1 GDP_C * GDP_i + \beta_2 FDI + \varepsilon$			
	α_0	α_1	R^2 rajusté	β_0	β_1	β_2	R^2 rajusté
1	-52,68 (-12,30)	1,462 (18,78)	0,934	-40,60 (-4,64)	0,989 (3,18)	0,737 (1,57)	0,937
2	-56,47 (-18,46)	1,548 (27,83)	0,969	-54,19 (-11,34)	1,483 (12,48)	0,073 (0,62)	0,968
3	-91,83 (-27,31)	2,18 (35,67)	0,981	-79,77 (-9,59)	1,859 (8,75)	0,298 (1,58)	0,982
4	-78,69 (-18,78)	1,933 (25,37)	0,963	-31,55 (-1,65)	0,940 (2,34)	0,424 (2,51)	0,969
5	-49,92 (-23,81)	1,421 (37,27)	0,982	-30,78 (-2,36)	0,908 (2,61)	0,473 (1,48)	0,983
6	-81,18 (-35,16)	1,971 (46,95)	0,989	-80,94 (-36,74)	1,980 (49,17)	-0,045 (-1,86)	0,990
7	-140,36 (-28,89)	3,065 (37,43)	0,981	-152,50 (-33,24)	3,389 (34,04)	-0,332 (-4,35)	0,989
8	-72,86 (-32,37)	1,828 (44,66)	0,988	-71,83 (-22,04)	1,801 (24,82)	0,023 (0,44)	0,987
9	-78,20 (-12,93)	1,878 (17,08)	0,921	-66,21 (-7,27)	1,601 (8,28)	0,179 (1,71)	0,927
10	--	--	--	--	--	--	--
11	-93,07 (-37,94)	2,145 (48,07)	0,989	-98,81 (-31,34)	2,290 (32,98)	-0,120 (-2,55)	0,991
12	--	--	--	--	--	--	--
13	-103,40 (-6,75)	2,276 (8,17)	0,733	-51,72 (-3,86)	0,999 (3,49)	1,066 (5,74)	0,888
14	-88,83 (-40,97)	2,001 (53,78)	0,991	-81,69 (-14,69)	1,954 (16,24)	0,027 (0,41)	0,991
15	-47,13 (-6,39)	1,253 (9,37)	0,852	-46,78 (-6,00)	1,261 (8,82)	-0,044 (-0,22)	0,842

Tableau 22
Régressions au niveau de l'industrie : importations et IED entrant

Industrie	$IMP = \alpha_0 + \alpha_1 GDP_C * GDP_i + \varepsilon$			$IMP = \beta_0 + \beta_1 GDP_C * GDP_i + \beta_2 FDI + \varepsilon$			
	α_0	α_1	R^2 rajusté	β_0	β_1	β_2	R^2 rajusté
1	-65,71 (-4,32)	1,678 (6,07)	0,485	-53,81 (-9,04)	1,304 (11,82)	0,487 (14,48)	0,922
2	-91,19 (-6,66)	2,125 (8,53)	0,654	-53,56 (-2,62)	1,254 (2,88)	0,574 (2,38)	0,692
3	-2,327 (-0,06)	0,510 (0,76)	-0,011	66,973 (4,38)	-1,421 (-4,79)	1,952 (14,33)	0,845
4	-64,46 (-6,52)	1,675 (9,32)	0,693	-46,39 (-7,04)	1,251 (10,02)	0,295 (7,71)	0,881
5	-67,55 (-10,59)	1,726 (14,87)	0,853	-45,62 (-5,31)	1,208 (6,56)	0,359 (3,38)	0,885
6	-62,74 (-17,69)	1,653 (25,62)	0,945	-42,61 (-8,39)	1,211 (11,42)	0,240 (4,76)	0,965
7	-102,87 (-24,20)	2,392 (30,94)	0,962	-105,17 (-9,10)	2,443 (9,73)	-0,028 (-0,22)	0,961
8	-85,75 (-25,23)	2,070 (33,48)	0,967	-105,12 (-35,97)	2,503 (41,48)	-0,251 (-8,84)	0,989
9	-57,39 (-7,82)	1,500 (11,23)	0,772	-50,51 (-8,30)	1,314 (11,46)	0,190 (4,56)	0,853
10 + 11	-70,63 (-4,46)	1,746 (6,06)	0,485	-7,297 (-0,82)	0,361 (2,07)	0,781 (12,02)	0,894
12	--	--	--	--	--	--	--
13	--	--	--	--	--	--	--
14	-48,34 (-12,63)	1,367 (19,64)	0,910	-39,12 (-11,27)	1,121 (15,45)	0,241 (5,08)	0,946
15	-38,68 (-1,27)	1,081 (1,95)	0,114	83,63 (2,92)	-2,109 (-3,22)	2,999 (5,75)	0,649

Tableau 23
Sommaire des résultats des régressions au niveau de l'industrie

Régressions des exportations	Nombre	Pourcentage de l'IED sortant	Pourcentage des exportations
+	9	58,4	65,77
+ et significatif	3	14,18	9,36
–	4	14,45	34,23
– et significatif	3	13,53	34,22

Régression des importations	Nombre	Pourcentage de l'IED entrant	Pourcentage des importations
+	10	64,14	77,51
+ et significatif	10	64,14	77,51
–	2	17,82	22,48
– et significatif	1	7,10	13,92

6. EFFETS DE BIEN-ÊTRE SUR LE MARCHÉ INTÉRIEUR DE L'IED SORTANT

Il ressort de la présente étude que l'impact critique de l'IED sortant sur les exportations peut engendrer une réponse positive. Nous montrons que les sorties d'IED sont complémentaires aux exportations. Cela est vrai au niveau agrégé, mais non dans toutes les industries. En outre, nous avons montré que les importations et l'IED entrant sont complémentaires au niveau agrégé mais, encore une fois, ce n'est pas le cas pour toutes les industries. Un prolongement de l'analyse à un plus grand nombre de pays pourrait influer sur les résultats au niveau de l'industrie. En outre, au niveau agrégé, nous avons montré que l'impact de l'IED sortant sur les exportations est plus important que l'impact de l'IED entrant sur les importations. Bref, le solde commercial du Canada devrait augmenter en conséquence de niveaux plus élevés d'IED sortant et entrant.

Nous sommes d'avis qu'une compréhension du lien entre le commerce international et l'IED est nécessaire à l'analyse des effets connexes sur le bien-être. Nous avons en effet établi que les sorties d'IED ont un lien étroit avec la croissance des exportations, même après avoir pris en compte d'autres déterminants des exportations. Cela signifie donc qu'il y a vraisemblablement un impact positif sur la formation de capital intérieur et l'emploi. Des travaux supplémentaires permettraient de mesurer ces liens de façon plus formelle. En outre, une analyse plus détaillée au niveau de l'industrie permettrait d'approfondir notre compréhension du phénomène et d'en tirer des enseignements utiles sur le plan des politiques.

Parmi les autres aspects importants à examiner, il y a les transferts de revenu positifs, les questions liées aux retombées et les répercussions fiscales. Nous pouvons conclure que l'augmentation spectaculaire des sorties d'IED du Canada a eu un impact positif sur les exportations canadiennes, mais nous n'avons pas établi de lien entre ce phénomène et l'investissement intérieur au Canada. Les niveaux plus élevés d'IED sortant du Canada engendreront également des paiements de revenu plus élevés dans l'avenir. Étant donné que les hausses de l'IED sortant stimulent les exportations canadiennes et que, en outre, l'impact sur les exportations est plus important que l'augmentation des importations découlant de l'IED entrant, il est probable que l'emploi au pays sera aussi plus élevé en conséquence de liens plus étroits entre le Canada et l'économie mondiale au niveau de l'IED.

CONCLUSION

Dans cette étude, nous avons établi que le commerce international et l'IED sont complémentaires dans le contexte canadien. Autrement dit, pour la période 1970-1996 et pour plus de 30 pays, nous montrons que, dans le cadre d'un modèle de gravité, les sorties d'IED du Canada stimulent les exportations canadiennes et que les entrées d'IED stimulent les importations. En outre, l'impact sur les exportations est plus important que l'impact sur les importations, ce qui indique que l'effet net d'une plus grande ouverture du Canada à l'IED est une amélioration de son solde commercial.

Des contraintes de données nous ont empêchés de procéder à une étude complète au niveau de l'industrie, mais les résultats que nous présentons indiquent qu'il y a beaucoup d'hétérogénéité à ce niveau. Certaines industries montrent un lien de complémentarité, tandis que d'autres font plutôt voir une relation de substitution. Au niveau de l'industrie, les données indiquent plus clairement une relation de complémentarité du côté entrant que du côté sortant. Du côté sortant, il n'y a pas de lien statistiquement significatif dans plusieurs industries, mais la plupart des industries montrent, du côté entrant, une relation de complémentarité statistiquement significative. Nous avons aussi établi que des niveaux plus élevés d'ouverture à l'IED au Canada ont entraîné des niveaux plus élevés d'investissement sur le marché intérieur. En d'autres termes, les sorties accrues d'IED ne se sont pas réalisées aux dépens de l'investissement intérieur.

L'étude comporte deux lacunes évidentes. Premièrement, nous pourrions en apprendre davantage au sujet des liens qui existent entre le commerce et l'IED si nous pouvions élaborer un modèle complet de l'IED. Dans l'état actuel de l'analyse, nous avons spécifié un modèle complet pour les échanges mais non pour l'IED. Deuxièmement, nous n'avons pas estimé un modèle de gravité complet au niveau de l'industrie en raison du petit nombre de pays pour lesquels des données bilatérales existent. En étendant l'étude à un plus grand nombre de pays, nous pourrions améliorer la robustesse de nos résultats mais cela nous permettrait aussi de mesurer l'impact d'une augmentation de l'IED sortant dans une industrie sur les échanges enregistrés dans les autres industries. Cela est particulièrement important pour comprendre les conséquences de l'investissement étranger direct et des échanges internationaux au niveau du contenu en facteurs de production. Nous envisageons de pousser notre examen dans ces deux directions à mesure que les ressources pour ce faire deviendront disponibles.

NOTES

1   Tout au long de l'étude, l'analyse porte sur les stocks, à moins que nous n'indiquions qu'il s'agit des flux.

2   Le stock sortant le plus récent a été accumulé aux prix les plus élevés.

3   Voir, par exemple, Safarian (1985) et McFetridge (1991). Pour les études du côté sortant, voir Globerman (1994).

4   De telles données sont disponibles auprès de Statistique Canada selon une formule de récupération des coûts.

5   Nous présentons une revue des travaux théoriques publiés sur cette question à l'appendice A.

6   Bien que 35 pays soient énumérés, nous avons des données sur l'IED sortant pour tous les pays sauf l'Arabie saoudite et Israël et sur l'IED entrant pour tous les pays sauf le Brésil, le Portugal, l'Afrique du Sud et l'Indonésie.

7   Il serait possible d'obtenir une série de données plus longue (c.-à-d. jusqu'en 1996) ou de couvrir un plus grand nombre de pays dans un contexte bilatéral, mais cela est coûteux. Statistique Canada peut fournir de telles données selon une formule de récupération des coûts.

8   Entrer le PIB sous forme de produit est une technique bien établie sur le plan empirique dans les régressions portant sur les échanges bilatéraux. Cette technique peut se justifier en invoquant la théorie moderne des échanges commerciaux en situation de concurrence imparfaite. En outre, le PIB par habitant a un effet positif sur les échanges — à mesure que les pays se développent, ils ont tendance à se spécialiser et à pratiquer davantage le commerce. (Voir Frankel et coll., 1995.)

9   Nous pourrions acquérir une meilleure compréhension des liens entre le commerce et l'IED si nous pouvions prendre en considération et tester, sur le plan empirique, les processus décisionnels formels des entreprises. Il est probable que l'impact de l'IED sortant sur les exportations dépendra dans une large mesure des raisons qui ont motivé les investissements. Les investissements faits dans les services (non commercialisables) auront vraisemblablement un impact positif sur l'économie canadienne : étant donné qu'ils ne peuvent donner lieu à des échanges commerciaux, ils ne déplacent pas les exportations. En l'absence d'investissement, le marché étranger ne serait pas desservi. En outre, de tels investissements à l'étranger peuvent engendrer des exportations au niveau des facteurs intermédiaires, ce qui stimule l'investissement sur le marché intérieur. Deuxièmement, si la motivation primaire de l'IED est de se ménager un accès au marché (régional) pour des biens commercialisables et non commercialisables, l'IED sortant peut alors contribuer à stimuler l'activité sur le marché intérieur parce qu'il est favorable à la production de biens intermédiaires. Ces raisons pointent en direction d'une complémentarité entre l'IED sortant et les exportations. Par ailleurs, l'IED peut être stimulé par les différences observées dans la dotation en facteurs. En réaction aux écarts entre les prix des facteurs, les entreprises peuvent transférer des installations de production du Canada vers des pays où les facteurs coûtent moins chers, notamment la main-d'œuvre. Enfin, l'IED peut être stimulé par le désir de réduire au minimum les coûts en fonction de l'arbitrage que l'on peut faire entre proximité et concentration. Dans les deux cas, l'impact sur les exportations du pays ne ressort pas clairement. Même si ces scénarios semblent stimuler l'IED sortant aux dépens de l'investissement intérieur, il y a un effet compensateur : les exportations de biens intermédiaires entraînent une augmentation de la demande pour la production intérieure et, par conséquent, de la formation de capital. Malheureusement, il n'y a pas de données (significatives) sur les opérations des entreprises multinationales canadiennes

à l'étranger ou sur celles des entreprises multinationales étrangères au Canada, ce qui rend impossible une distinction aussi fine au niveau de l'IED sortant.

10   Le modèle de gravité a aussi été utilisé pour expliquer les profils d'IED (Grosse et Trevino, 1996). Par conséquent, nous pouvons utiliser le modèle de gravité pour expliquer l'évolution de l'IED sortant du Canada, au niveau agrégé et au niveau de l'industrie :

$$\ln(FDI_{Cjt}) = \alpha + \ln(T_{Cjt})\beta + \ln(X_{Cjt})\delta + 0_{Cjt}$$

et au niveau de l'industrie :

$$\ln(FDI_{Cjgt}) = \alpha + \ln(T_{Cjgt})\beta + \ln(X_{Cjgt})\delta + 0_{Cjgt}$$

Ceux qui utilisent le modèle de gravité pour expliquer les flux commerciaux ne tiennent pas compte de l'IED. En outre, ceux qui utilisent le modèle de gravité pour expliquer l'IED neutralisent tout simplement l'effet du commerce ou n'en tiennent pas compte. Idéalement, il faudrait tenir compte de l'interaction ou de la simultanéité entre commerce et IED. Par conséquent, nous pouvons concevoir l'estimation simultanée d'une équation pour les échanges et d'une équation pour l'IED. Nous ne présentons pas d'estimation pour ces régressions de l'IED parce qu'elles débordent de la portée de la présente étude.

11   Tous les résultats des tests statistiques *t* présentés dans cette étude sont fondés sur les écarts types estimés qui ne présentent pas de problème d'hétéroscédasticité et d'autocorrélation.

12   Il est important de déterminer comment ces résultats varieraient si l'on tenait compte de la simultanéité entre les échanges et l'IED.

13   Compte tenu du coefficient du test statistique *t*, le coefficient estimé des taux de change n'est pas significativement différent de zéro et, par conséquent, on ne peut dire qu'il porte le mauvais signe.

APPENDICE A
LES TRAVAUX THÉORIQUES[1]

Introduction

La théorie de l'IED fait appel à des notions de propriété, d'internalisation et d'avantages de localisation afin d'expliquer pourquoi les entreprises investissent dans certains pays (voir Dunning, 1993, qui fait un tour d'horizon de cette question). La théorie des échanges fait appel à la notion de l'avantage comparatif pour décrire les profils du commerce entre les pays. Si l'on ajoute les rendements d'échelle croissants, la concurrence imparfaite et la différenciation des produits à l'analyse, la nouvelle théorie des échanges est en mesure d'expliquer la croissance du commerce intra-industrie dans les pays développés (Krugman, 1986).

Afin d'intégrer l'IED à l'analyse, la nouvelle théorie du commerce assouplit l'hypothèse restrictive selon laquelle les entreprises ont une envergure nationale, ce qui leur permet alors d'investir et d'employer des facteurs de production dans d'autres pays. Les investissements peuvent être de nature soit verticale soit horizontale. L'IED vertical suppose la séparation géographique des différentes étapes du processus de production, tandis que l'IED horizontal signifie un dédoublement complet du processus de production dans plusieurs pays, à l'exception des services fournis par le siège social. Les services du siège social sont l'ingénierie, la gestion et les services financiers, la réputation et les marques de commerce. Ces services entrent dans la catégorie de la R-D largement définie et peuvent être transférés à des installations de production éloignées sans coût et sans perte de valeur[2]. Ces activités se caractérisent par une technologie offrant des rendements d'échelle croissants. Même si les installations de production peuvent être séparées des activités du siège social, les services offerts par ce dernier sont concentrés en un seul endroit. En outre, le processus de production peut lui-même être divisé en production en amont (biens intermédiaires) et en aval (biens finals). Toutes ces activités offrent des rendements d'échelle croissants.

Dans les modèles de ce genre, les entreprises exécutent les activités propres au siège social sur le marché intérieur, mais font face à trois choix pour ce qui est de la production : réaliser toute la production sur le marché intérieur, transférer toute la production à l'étranger ou, encore, produire à la fois au pays et sur les marchés étrangers. Une fois établie la répartition internationale des investissements, il est plus facile de définir les profils d'échanges.

L'IED vertical

L'IED vertical peut être facilité en permettant que les proportions des facteurs diffèrent entre pays (Helpman, 1984; Helpman et Krugman, 1985; Markusen, 1984; et Ethier et Horn, 1990). La décision de produire au pays plutôt qu'à l'étranger peut être représentée comme un arbitrage entre les coûts de transport et les économies d'échelle. S'il y a des rendements d'échelle croissants mais aucun coût de transport, il serait alors optimal que la production d'un bien soit concentrée en un seul endroit — mais la décision quant à l'endroit où la production sera située dépend des prix des facteurs. Si les pays sont identiques, il n'y aura pas d'IED mais, plutôt, des échanges intra-industrie de produits différenciés. L'analyse se complique lorsque nous permettons des asymétries entre pays. Lorsque les écarts dans la dotation en facteurs sont peu importants, le principe de l'égalisation des prix des facteurs s'applique toujours et il y a à la fois des

---

[1] Ce sommaire des travaux théoriques publiés est largement inspiré du *World Investment Report*, CNUCED, 1996.

[2] Nous savons en pratique qu'il n'en est pas ainsi des transferts vers les entreprises affiliées et encore moins vers les entreprises non affiliées. Voir, par exemple, Teece (1977) et Davidson et McFetridge (1984).

échanges inter-industries et intra-industries, mais le pays où le capital est abondant demeure un exportateur net du bien différencié et un importateur du bien homogène.

Lorsque les pays sont suffisamment différents pour que le principe de l'égalisation des prix des facteurs ne tienne plus, il y a alors au moins un pays qui se spécialisera dans le bien pour lequel il possède un avantage comparatif. Si les entreprises du secteur différencié sont libres d'investir à l'étranger, elles exploiteront les différences de prix des facteurs en réaffectant les activités du siège social vers le pays où le capital est abondant et les usines de production dans l'autre. Si les écarts au niveau de la dotation en facteurs ne sont pas trop importants, le pays où le capital abonde demeure un exportateur net du bien différencié. Cependant, si ces écarts sont importants, le pays où le capital est abondant se spécialise alors dans la production des services de R-D qui sont exportés et devient un importateur net du bien différencié et du bien homogène. L'IED engendrerait alors des flux commerciaux complémentaires des biens finals en provenance des entreprises étrangères affiliées à la société mère (échanges intra-sociétés) ou du marché intérieur (transactions sans lien de dépendance) et il y aurait des transferts intra-sociétés de services non matériels du siège social de la société mère aux entreprises affiliées à l'étranger.

Par conséquent, les modèles axés sur les proportions des facteurs nécessiteraient une dotation en facteurs suffisamment différente pour engendrer des flux d'IED. La conséquence de ces modèles est que l'IED serait plus important dans les pays qui affichent les écarts les plus importants au niveau des proportions des facteurs, c'est-à-dire entre les pays développés et les pays en développement. Ce résultat est inquiétant étant donné que la plus grande partie de l'IED se produit entre pays développés. Dans ce cas, les proportions des facteurs ne sont vraisemblablement pas le principal déterminant.

L'IED horizontal

Plusieurs études ont intégré l'IED horizontal à la théorie (Markusen, 1984; Brainard, 1997; Horstman et Markusen, 1992; et Markusen et Venables, 1995). L'IED vertical est exclu. Ces modèles, qui correspondent à l'hypothèse de la proximité-concentration, considèrent l'arbitrage entre les économies d'échelle au niveau de l'usine, d'une part, et les économies d'échelle au niveau de l'entreprise et les coûts de transport, de l'autre. Les entreprises investissent à l'étranger pour réaliser les économies d'échelle multi-établissement engendrées par les coûts fixes élevés de la R-D et des autres activités du siège social (Markusen, 1984). Par contre, les entreprises investissent aussi à l'étranger pour éviter les frais de transport ainsi que l'éloignement géographique et culturel entre les pays. Plus sont importantes les économies d'échelle multi-établissement et les coûts de transport par rapport aux économies d'échelle au niveau de l'usine, plus il est probable qu'il y aura des flux d'IED (Brainard, 1997).

Les modèles fondés sur l'arbitrage entre la proximité et la concentration postulent une substitution entre commerce et IED au niveau tant de l'entreprise que du pays. Les entreprises exportent ou produisent et vendent sur le marché local à l'étranger et exportent des services immatériels du siège social qui n'ont pas pour effet d'accroître le commerce des marchandises. Si les dotations en facteurs sont identiques, les entreprises seront alors entièrement nationales ou entièrement transnationales et il y aura coexistence des deux seulement dans le cas où il y a équilibre parfait entre les avantages sur le plan de la proximité et sur le plan de la concentration. En d'autres termes, lorsque les pays sont identiques, il y a soit IED intra-industrie soit commerce intra-industrie. En outre, cette théorie réussit à expliquer l'IED entre pays développés, mais elle n'arrive pas à prédire que l'IED devrait remplacer les flux commerciaux.

L'analyse peut être poussée davantage pour permettre une séparation entre la production en amont et en aval. Lorsque la décision est prise d'investir dans une entreprise affiliée en aval, des biens intermédiaires sont exportés de la société mère à l'entreprise affiliée. Cela introduit un élément de complémentarité entre l'IED horizontal et le commerce international (Brainard, 1997; et Markusen et Venables, 1995) et prolonge l'analyse en ajoutant des asymétries entre pays sur le plan de la taille du marché, de la dotation en facteurs et des éléments d'efficience technologique. En étendant de cette façon la portée de l'analyse, le commerce et l'IED peuvent coexister. À mesure que s'améliore la situation des pays désavantagés sur le plan de la dotation en facteurs, de la taille du marché local et de l'efficience technologique, un nombre de plus en plus grand d'entreprises étrangères y implantent des filiales. Par conséquent, l'IED augmente à mesure que les pays convergent, contrairement aux modèles où l'on intègre l'IED vertical dans l'analyse.

Sommaire

L'hypothèse de la proximité-concentration prédit qu'il est plus probable que les entreprises étendent leur production de façon horizontale, au delà des frontières, plus sont élevés les coûts de transport et les barrières commerciales et moins sont importantes les barrières à l'investissement et la taille des économies d'échelle au niveau de l'usine par rapport aux économies d'échelle au niveau de l'entreprise. Les prédictions qui découlent de l'hypothèse de la proximité-concentration diffèrent des explications de l'IED qui ressortent, dans la théorie des échanges, de l'hypothèse des proportions des facteurs. Cette dernière théorie prédit que les entreprises intégreront leur production verticalement au delà des frontières internationales pour profiter des écarts de prix des facteurs associés à l'offre relative des facteurs.

Il est important d'ajouter un commentaire à tous les modèles reposant sur l'hypothèse d'une concentration des éléments d'actif de type siège social au sein de la société mère, qui permet aux entreprises multinationales de réaliser les économies d'échelle associées à ces éléments d'actif, pour ensuite en faire la distribution parmi leurs installations de production à l'étranger. Les données indiquent que la décentralisation de la R-D et d'autres fonctions du siège social est en marche depuis déjà un certain temps, bien que plus lentement dans le cas des États-Unis et du Japon que pour d'autres pays. La principale ressource fournie par la société mère est alors la coordination et la stratégie (Eaton, Lipsey et Safarian, 1994, p. 91-99).

APPENDICE B
L'ENSEMBLE DE DONNÉES

Données sur l'IED

Les données sur l'IED ont été obtenues de CANSIM et de Statistique Canada. Les numéros pertinents de CANSIM pour ces données sur l'IED, au niveau agrégé et au niveau de l'industrie, figurent dans les tableaux B-1 et B-2 de l'appendice B.

Données sur le commerce

Les données sur les importations et les exportations proviennent de CANSIM et les numéros pertinents de CANSIM figurent au tableau B-3 de l'appendice B. Les données sur le commerce au niveau de l'industrie ont été obtenues de Statistique Canada.

Données sur la gravité

Les données supplémentaires requises pour estimer le modèle de gravité sont notamment le PIB, la population et les données auxiliaires sur la distance et la langue. Les données sur le PIB et la population sont tirées des *PENN World Tables* et ont été mises à jour à l'aide des bandes de données du FMI. Des détails sur la structure des données de la base PENN figurent dans Summers et Heston (1991). Les variables auxiliaires pour la distance et la langue ont été construites par Werner Antweiler.

Données supplémentaires

Les données supplémentaires requises sont notamment les déflateurs des prix des importations et des exportations. Les importations canadiennes ont été dégonflées à l'aide des données des séries CANSIM D14493, D421476, tandis que les exportations ont été dégonflées à l'aide des séries D14490 et D400466. Le taux de change entre le Canada et les États-Unis que nous avons utilisé provient de la série E305100 de CANSIM.

Tableau B–1
Numéros des séries CANSIM pour les données agrégées sur l'IED bilatéral
(données disponibles pour la période 1970 à 1996)

Pays	Investissement direct du Canada à l'étranger	Investissement étranger direct au Canada
0 Ensemble des pays	0 D65201	0 D65212
1 États-Unis	1 D66101	1 D66151
2 Bahamas	2 D66102	2 D66153
3 Bermudes	3 D66103	3 D66152
4 Antilles néerlandaises	4 D66104	4 D66154
5 Mexique	5 D66105	5 D66155
6 Brésil	6 D66108	6 n.d.
7 Venezuela	7 D66109	7 D66159
8 Panama	8 D66110	8 D66158
9 Royaume-Uni	9 D66113	9 D66162
10 Irlande	10 D66114	10 D66169
11 Pays-Bas	11 D66115	11 D66164
12 Allemagne	12 D66116	12 D66163
13 Suisse	13 D66117	13 D66165
14 France	14 D66118	14 D66166
15 Belgique-Luxembourg	15 D66119	15 D66167
16 Grèce	16 D66120	16 D66174
17 Espagne	17 D66121	17 D66173
18 Italie	18 D66122	18 D66170
19 Portugal	19 D66123	19 n.d.
20 Autriche	20 D66124	20 D66171
21 Danemark	21 D66125	21 D66175
22 Norvège	22 D66126	22 D66172
23 Suède	23 D66127	23 D66168
24 Afrique du Sud	24 D66130	24 n.d.
25 Singapour	25 D66134	25 D66184
26 Australie	26 D66135	26 D66182
27 Indonésie	27 D66136	27 n.d.
28 Hong Kong	28 D66137	28 D66181
29 Japon	29 D66138	29 D66180
30 Taïwan	30 D66139	30 D66185
31 Malaisie	31 D66140	31 D66186
32 Corée du Sud	32 D66141	32 D66183
33 Inde	33 D66144	33 D66192
34 Arabie saoudite	34 n.d.	34 D66189
35 Israël	35 n.d.	35 D66190

n.d. : non disponible.

Tableau B–2

Numéros des séries CANSIM pour les données sur l'IED bilatéral au niveau de l'industrie

(données disponibles pour la période 1983 à 1995)

Industries (CTI-C 1980)	Total		États-Unis		Royaume-Uni		Japon	
	IED canadien à l'étranger	IED étranger au Canada	IED canadien aux É.-U.	IED américain au Canada	IED canadien au R.-U.	IED britannique au Canada	IED canadien au Japon	IED japonais au Canada
1. Aliments, boissons et tabac	D65237	D65270	D65337	D65370	D65437	D65470		D65770
2. Bois et papier	D65238	D65271	D65338	D65371	D65438	D65471		D65771
3. Énergie	D65239	D65272	D65339	D65372	D65439	D65472		D65772
4. Produits chimiques et textiles	D65240	D65273	D65340	D65373	D65440	D65473		D65773
5. Minéraux métalliques et produits en métal	D65241	D65274	D65341	D65374	D65441	D65474		D65774
6. Machines et matériel	D65242	D65275	D65342	D65375	D65442	D65475		D66575
7. Matériel de transport	D65243	D65276	D65343	D65376	D65443	D65476		D65776
8. Produits électriques et électroniques	D65244	D65277	D65344	D65377	D65444	D65477		D65777
9. Construction et activités connexes	D65245	D65278	D65345	D65378	D65445	D65478		D65778
10. Services de transport	D65246	\	D65346	\	D65446	\		\
11. Communications	D65247	/D65279	D65347	/D65379	D65447	/D65479		/D65779
12. Finances et assurance	D65248	D65280	D65348	D65380	D65448	D65480		D65780
13. Hébergement, restauration, services récréatifs et vente au détail des aliments	D65249	n.d.	D65349	n.d.	D65449	n.d.		n.d.
14. Biens et services de consommation	D65250	D65281	D65350	D65381	D65450	D65481		D65781
15. Autres	D65251	D65282	D65351	D65382	D65451	D65482		D65782
Total	D65221	D65253	D65321	D65353	D65421	D65453		D65753

n.d. : non disponible.

Tableau B–3
Numéros des séries CANSIM pour le commerce bilatéral au niveau agrégé
(données disponibles pour la période 1970 à 1996)

Pays	Exportations canadiennes	Importations canadiennes	
0 Ensemble des pays	0 D400466	0 D421476	0 D451000
1 États-Unis	1 D400000	1 D421010	1 D451426
2 Bahamas	2 D400072	2 D421082	2 D451352
3 Bermudes	3 D400069	3 D421079	3 D451354
4 Antilles néerlandaises	4 D400024	4 D421034	4 D451382
5 Mexique	5 D400027	5 D421037	5 D451380
6 Brésil	6 D400105	6 D421115	6 D451330
7 Venezuela	7 D400078	7 D421088	7 D451348
8 Panama	8 D400018	8 D421028	8 D451386
9 Royaume-Uni	9 D400438	9 D421448	9 D451022
10 Irlande	10 D400435	10 D421445	10 D451024
11 Pays-Bas	11 D400444	11 D421454	11 D451014
12 Allemagne	12 D400450	12 D421460	12 D451010
13 Suisse	13 D400396	13 D421406	13 D451052
14 France	14 D400453	14 D421463	14 D451008
15 Belgique-Luxembourg	15 D400442, 443, 456	15 D421466	15 D451016, 018
16 Grèce	16 D400414, 431	16 D421424, 441	16 D451028
17 Espagne	17 D400402, 427	17 D421412, 437	17 D451034
18 Italie	18 D400447	18 D421457	18 D451012
19 Portugal	19 D400405, 428	19 D421415, 438	19 D451032
20 Autriche	20 D400445	20 D421430	20 D451011, 042
21 Danemark	21 D400432	21 D421442	21 D451026
22 Norvège	22 D400408	22 D421418	22 D451048
23 Suède	23 D400448	23 D421409	23 D451015, 050
24 Afrique du Sud	24 D400282	24 D421292	24 D451132
25 Singapour	25 D400183	25 D421193	25 D451236
26 Australie	26 D400138	26 D421148	26 D451276
27 Indonésie	27 D400168	27 D421178	27 D451244
28 Hong Kong	28 D400195	28 D421205	28 D451228
29 Japon	29 D400165	29 D421175	29 D451246
30 Taïwan	30 D400150	30 D421160	30 D451256
31 Malaisie	31 D400189	31 D421199	31 D451232
32 Corée du Sud	32 D400159	32 D421169	32 D451250
33 Inde	33 D400192	33 D421202	33 D451230
34 Arabie saoudite	34 D400324	34 D421334	34 D451100
35 Israël	35 D400339	35 D421349	35 D451090

APPENDICE C
DANS QUELLE MESURE LE STOCK D'IED EST-IL UNE BONNE APPROXIMATION DES VENTES À L'ÉTRANGER?

Introduction

L'un des compromis faits dans les tests sur les liens entre le commerce et l'IED est l'hypothèse que le stock d'IED représente une bonne approximation de la production ou des ventes à l'étranger. Dans cet appendice, nous tentons de vérifier cette hypothèse à l'aide de données américaines sur l'IED et les ventes à l'étranger.

a) Dans quelle mesure l'IED sortant des États-Unis représente-t-il fidèlement les ventes des entreprises multinationales américaines opérant à l'étranger, tant au niveau agrégé que pour le secteur manufacturier?

Le tableau C-1 renferme des données sur l'IED des États-Unis à l'étranger, tant au niveau agrégé que pour le secteur manufacturier. Les ventes des filiales de sociétés américaines à l'étranger sont de trois à quatre fois plus importantes que l'IED des États-Unis à l'étranger. Cela est vrai également pour le secteur manufacturier. Nous avons regroupé ces données à la figure C-1 sous forme de graphique. Il ressort assez clairement que ces séries évoluent essentiellement de la même façon. La corrélation entre ces variables est aussi assez élevée, tout comme la corrélation entre leurs variations.

b) Dans quelle mesure l'IED des États-Unis au Canada représente-t-il fidèlement les ventes des entreprises multinationales américaines présentes au Canada, tant au niveau agrégé que pour le secteur manufacturier?

Le tableau C-2 renferme des données sur l'IED des États-Unis au Canada, tant au niveau agrégé que pour le secteur manufacturier. Les ventes des sociétés affiliées à des entreprises américaines au Canada sont de trois à quatre fois plus importantes que l'IED des États-Unis au Canada. Cela est vrai également pour le secteur manufacturier. Nous avons regroupé ces données à la figure C-2 sous forme de graphique. Il ressort assez clairement que ces séries évoluent essentiellement de la même façon. La corrélation entre ces variables est aussi assez élevée, tout comme la corrélation entre leurs variations.

Conclusion

Les tableaux et les graphiques présentés dans cet appendice indiquent assez clairement que l'IED et les ventes à l'étranger sont assez représentatifs l'un de l'autre, de façon réciproque.

Tableau C–1
IED sortant des États-Unis et ventes des entreprises affiliées à des sociétés américaines à l'étranger
(en millions de dollars)

Année	IED des É.-U. à l'étranger	Ventes par des entreprises affiliées à des sociétés américaines à l'étranger	IED des É.-U. à l'étranger dans le secteur manufacturier	Ventes par des entreprises affiliées à des sociétés américaines à l'étranger dans le secteur manufacturier
1983	212 150	886 314	83 768	348 450
1984	218 093	898 558	87 331	375 515
1985	238 369	895 460	96 741	387 441
1986	270 472	928 915	108 107	448 399
1987	326 253	1 052 795	135 271	519 619
1988	347 179	1 194 733	142 598	619 293
1989	38! 781	1 344 080	147 944	680 231
1990	430 521	1 493 426	170 164	741 169
1991	467 844	1 541 566	179 230	759 686
1992	502 063	1 574 069	186 285	751 993
1993	564 283	1 570 563	192 244	753 023
1994	640 320	1 855 501	211 431	868 945,5
1995	717 554	2 140 438	250 253	984 868

Tableau C–2
IED sortant des États-Unis et ventes par des entreprises affiliées à des sociétés américaines au Canada
(en millions of dollars)

Année	IED des É.-U. au Canada	Ventes par des entreprises affiliées à des sociétés américaines au Canada	IED des É.-U. dans le secteur manufacturier canadien	Ventes par des entreprises affiliées à des sociétés américaines dans le secteur manufacturier canadien
1983	44 779	129 674	19 453	63 896
1984	47 498	140 317	21 391	73 623
1985	47 934	138 231	22 306	76 237
1986	52 006	132 488	24 205	75 547
1987	59 145	144 732	27 886	81 084
1988	63 900	168 024	29 763	98 265
1989	63 948	178 713	30 154	99 556
1990	69 508	189 402	33 274	100 847
1991	70 711	188 012	32 042	100 467
1992	68 690	183 844	32 740	98 967
1993	69 922	191 732	33 371	107 614
1994	78 018	211 406,5	36 626	117 542
1995	85 441	231 081	42 215	127 470

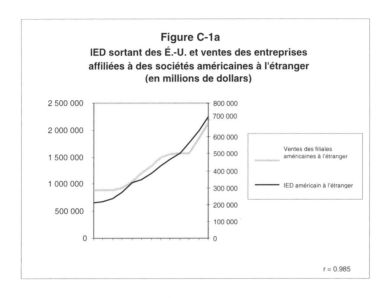

Figure C-1a

IED sortant des É.-U. et ventes des entreprises affiliées à des sociétés américaines à l'étranger (en millions de dollars)

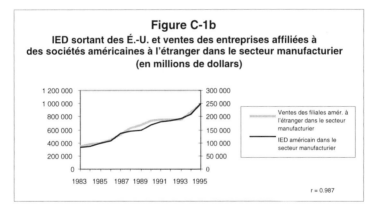

Figure C-1b

IED sortant des É.-U. et ventes des entreprises affiliées à des sociétés américaines à l'étranger dans le secteur manufacturier (en millions de dollars)

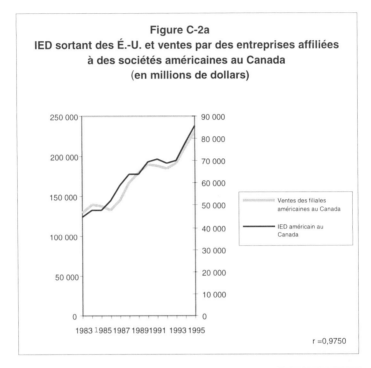

Figure C-2a
IED sortant des É.-U. et ventes par des entreprises affiliées
à des sociétés américaines au Canada
(en millions de dollars)

Ventes des filiales
américaines au Canada

IED américain au
Canada

r =0,9750

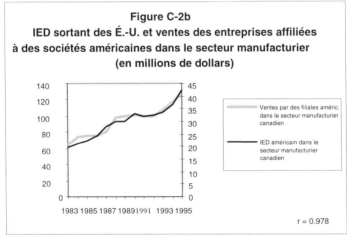

Figure C-2b
IED sortant des É.-U. et ventes des entreprises affiliées
à des sociétés américaines dans le secteur manufacturier
(en millions de dollars)

Ventes par des filiales améric.
dans le secteur manufacturier
canadien

IED américain dans le
secteur manufacturier
canadien

r = 0.978

BIBLIOGRAPHIE

Bellak, Christian et John Cantwell, « Foreign Direct Investment - How Much is it Worth? Comment on S. J. Gray and A. M. Rugman », *Transnational Corporations*, vol. 5, no 1, 1996, p. 85-97.

Blomström, Magnus et Ari O. Kokko, « Les effets des investissements directs à l'étranger sur le pays d'origine : le cas de la Suède », dans *Les multinationales canadiennes*, publié sous la direction de Steven Globerman, Collection Documents de recherche d'Industrie Canada, University of Calgary Press, Calgary, 1994.

Blomström, Magnus, Robert E. Lipsey et Ksenia Kulchycky, « US and Swedish Direct Investment and Exports », dans *Trade Policy Issues and Empirical Analysis*, publié sous la direction de R. E. Baldwin, University of Chicago Press, Chicago, 1988, p. 259 297.

Brainard, S. Lael, « An Empirical Assessment of the Proximity-Concentration Trade-off Between Multinational Sales and Trade », *American Economic Review*, 1997.

Caves, Richard, *Multinational Enterprise and Economic Analysis*, Cambridge University Press, 1996.

CNUCED, World Investment Report, divers numéros.

Collins, William J. , Kevin H. O'Rourke et Jeffrey G. Williamson, « Were Trade and Factor Mobility Substitutes in History », National Bureau of Economic Research, Document de travail n° 6059, 1997.

Davidson, W. H. et D. G. McFetridge, « International Technology Transactions and the Theory of the Firm », *Journal of Industrial Economics*, mars 1984, p. 253-264.

Deardorff, Alan V., « Determinants of Bilateral Trade: Does Gravity Work in a Neoclassical World », National Bureau of Economic Research, Document de travail n° 5377, 1995.

Département du Commerce des États-Unis, « Foreign Direct Investment in the United States: Detail for Historical-Cost Position and Related Capital and Income Flows », *Survey of Current Business*, août 1995, p. 53-78.

Dunning, John, *Multinational Enterprises and the Global Economy*, Addison-Wesley Publishing Co., Workingham (G.-B.), 1993.

Eaton, B. C., R. G. Lipsey et A. E. Safarian, « Théorie de la localisation des usines des multinationales : agglomérations et désagglomérations », dans *Multinationales en Amérique du Nord*, publié sous la direction de Lorraine Eden, Collection Documents de recherche d'Industrie Canada, University of Calgary Press, Calgary, 1994.

Ethier, Wilfred, « National and International Returns to Scale in the Modern Theory of International Trade », *American Economic Review*, vol. 72, 1982, p. 389-405.

Ethier, Wilfred et Henrik Horn, « Managerial Control on International Firms and Patterns of Direct Investment », *Journal of International Economics*, vol. 28, 1990, p. 25-45.

Frankel, J. A., Shang-Jin Wei et Ernesto Stein, « APEC and Regional Trading Arrangements in the Pacific », dans *Pacific Trade and Investment: Options for the 1990s*, publié sous la direction de Wendy Dobson et Frank Flatters, John Deutsch Institute, Kingston (ON), 1995.

Globerman, Steven, *Les multinationales canadiennes*, Collection Documents de recherche d'Industrie Canada, University of Calgary Press, Calgary, 1994.

Graham, Edward M., « Canadian Direct Investment Abroad and the Canadian Economy: Some Theoretical and Empirical Implications », dans *Les multinationales canadiennes*, publié sous la direction de Steven Globerman, Collection Documents de recherche d'Industrie Canada, University of Calgary Press, Calgary, 1994.

Gray, S. J. et A. Rugman, « Does the United States have a Deficit with Japan in Foreign Direct Investment? », *Transnational Corporations*, vol. 3, n° 2, 1994, p. 127-137.

Grosse, Robert, « Foreign Direct Investment in Latin America », Thunderbird Business Research Center, Document de discussion n° 97-4, 1997.

Grosse, Robert et Len Trevino, « Foreign Direct Investment in the United States: An Analysis by Country of Origin », *Journal of International Business Studies*, premier trimestre, 1996.

Grubert, Harry et John Mutti, « Taxes, Tariffs, and Transfer Pricing in Multinational Corporate Decision Making », *Review of Economics and Statistics*, vol. 73, n° 2, mai 1991, p. 285-293.

Gunderson, Morley et Savita Verma, « Labour Market Implications of Outward Foreign Direct Investment », dans *Les multinationales canadiennes*, publié sous la direction de Steven Globerman, Collection Documents de recherche d'Industrie Canada, University of Calgary Press, Calgary, 1994.

Hejazi, Walid et Daniel Trefler, « Le Canada et la région de l'Asie-Pacifique : perspectives selon les modèles de gravité, de concurrence monopolistique et d'Heckscher-Ohlin », dans *La région de l'Asie-Pacifique et l'économie mondiale : perspectives canadiennes*, publié sous la direction de Richard Harris, Collection Documents de recherche d'Industrie Canada, University of Calgary Press, Calgary, 1996.

Helpman, Elhanan, « A Simple Theory of International Trade with Multinational Corporations », *Journal of Political Economy*, vol. 93, n° 2, 1984, p. 451-471.

Helpman, Elhanan et Paul Krugman, *Market Structure and Foreign Trade*, MIT Press, Cambridge (MA), 1985.

Horst, Thomas, « The Industrial Composition of US Exports and Subsidiary Sales to the Canadian Market », *American Economic Review*, vol. 62, n° 1, 1972, p. 37-45.

Horstman, Ignatius et James Markusen, « Endogenous Market Structures in International Trade », *Journal of International Economics*, vol. 32, février 1992, p. 109-129.

Hufbauer, G. C. et M. Adler, « US Manufacturing Investment and the Balance of Payments », Tax Policy Research Study Number 1, US Treasury Department, Washington (D.C.), 1968.

Jun, Kwang W. et Harinder Singh, « The Determinants of Foreign Direct Investment in Developing Countries », *Transnational Corporations*, vol. 5, n° 2, 1996, p. 67-105.

Krugman, Paul R., « Intra-industry Specialization and the Gains from Trade », *Journal of Political Economy*, vol. 89, 1986, p. 959-973.

Lipsey, Robert E. et Merle Yahr Weiss, « Foreign Production and Exports in Manufacturing Industries », *The Review of Economic and Statistics*, novembre 1981, p. 488-494.

_____, « Foreign Production and Exports of Individual Firms », *The Review of Economics and Statistics*, 1984, p. 304-308.

Markusen, J. R., « Multinationals, Multi-Plant Economics, and the Gains from Trade », *Journal of International Economics*, vol. 16, mai 1984, p. 205-226.

Markusen, J. R. et Anthony J. Venables, « The Increased Importance of Multinationals in North American Economic Relationships: A Convergence Hypothesis », dans *The New Transatlantic Economy*, publié sous la direction de Mathew W. Canzoneri, Wilfred J. Ethier et Victoria Grilli, Cambridge University Press, Londres, 1995.

McFetridge, D. G., « Introduction », dans *Investissement étranger, technologie et croissance économique* , publié sous la direction de D. G. McFetridge, Collection Documents de recherche d'Industrie Canada, University of Calgary Press, Calgary, 1991.

Pfaffermayr, M., « Foreign Direct Investment and Exports: A Time Series Approach », *Applied Economics*, vol. 26, 1994, p. 337-351.

Rao, Someshwar, Ashfaq Ahmad et Colleen Barnes, « L'investissement étranger direct et l'intégration économique de la zone APEC », Collection Document de travail n° 8, Industrie Canada, 1996.

Rao, Someshwar, Ashfaq Ahmad et Marc Legault, « Les multinationales canadiennes : analyse de leurs activités et résultats », dans *Les multinationales canadiennes*, publié sous la direction de Steven Globerman, Collection Documents de recherche d'Industrie Canada, University of Calgary Press, Calgary, 1994.

Safarian, A. E., « Foreign Direct Investment: A Survey of Canadian Reserarch », Institut de recherches politiques, Montréal, 1985.

Summers, Robert et Alan Heston, « The Penn World Tables (Mark 5): An Expanded Set of International Comparisons, 1950-1988 », *Quarterly Journal of Economics*, vol. 106, 1991, p. 327-368.

Teece, D. J., « Technology Transfer by Multinational Firms: The Resource Cost of Transferring Technological Know-how », *Economic Journal*, vol. 87, 1977, p. 242-261.

PUBLICATIONS DE RECHERCHE D'INDUSTRIE CANADA

COLLECTION DOCUMENTS DE TRAVAIL

N° 1 **L'intégration économique de l'Amérique du Nord : les tendances de l'investissement étranger direct et les 1 000 entreprises les plus grandes**, Industrie Canada, personnel de la Direction de l'analyse de la politique micro-économique, notamment John Knubley, Marc Legault et P. Someshwar Rao, 1994.

N° 2 **Les multinationales canadiennes : analyse de leurs activités et résultats**, Industrie Canada, personnel de la Direction de l'analyse de la politique micro-économique, notamment P. Someshwar Rao, Marc Legault et Ashfaq Ahmad, 1994.

N° 3 **Débordements transfrontaliers de R-D entre les industries du Canada et des États-Unis**, Jeffrey I. Bernstein, Université Carleton et National Bureau of Economic Research, dans le cadre d'un contrat avec Industrie Canada, 1994.

N° 4 **L'impact économique des activités de fusion et d'acquisition sur les entreprises**, Gilles Mcdougall, Direction de l'analyse de la politique micro-économique, Industrie Canada, 1995.

N° 5 **La transition de l'université au monde du travail : analyse du cheminement de diplômés récents**, Ross Finnie, École d'administration publique, Université Carleton et Statistique Canada, 1995.

N° 6 **La mesure du coût d'observation lié aux dépenses fiscales : les stimulants à la recherche-développement**, Sally Gunz, Université de Waterloo, Alan Macnaughton, Université de Waterloo, et Karen Wensley, Ernst & Young, Toronto, dans le cadre d'un contrat avec Industrie Canada, 1996.

N° 7 **Les structures de régie, la prise de décision et le rendement des entreprises en Amérique du Nord**, P. Someshwar Rao et Clifton R. Lee-Sing, Direction de l'analyse de la politique micro-économique, Industrie Canada, 1996.

N° 8 **L'investissement étranger direct et l'intégration économique de la zone APEC**, Ashfaq Ahmad, P. Someshwar Rao et Colleen Barnes, Direction de l'analyse de la politique micro-économique, Industrie Canada, 1996.

N° 9 **Les stratégies de mandat mondial des filiales canadiennes**, Julian Birkinshaw, Institute of International Business, Stockholm School of Economics, dans le cadre d'un contrat avec Industrie Canada, 1996.

N° 10 **R-D et croissance de la productivité dans le secteur manufacturier et l'industrie du matériel de communications au Canada**, Jeffrey I. Bernstein, Université Carleton et National Bureau of Economic Research, dans le cadre d'un contrat avec Industrie Canada, 1996.

N° 11 **Évolution à long terme de la convergence régionale au Canada**, Serge Coulombe, Département de sciences économiques, Université d'Ottawa, et Frank C. Lee, Industrie Canada, 1996.

N° 12 **Les répercussions de la technologie et des importations sur l'emploi et les salaires au Canada**, Frank C. Lee, Industrie Canada, 1996.

N° 13 **La formation d'alliances stratégiques dans les industries canadiennes : une analyse microéconomique**, Sunder Magun, Applied International Economics, 1996.

N° 14 **Performance de l'emploi dans l'économie du savoir**, Surendra Gera, Industrie Canada, et Philippe Massé, Développement des ressources humaines Canada, 1997.

N° 15 **L'économie du savoir et l'évolution de la production industrielle**, Surendra Gera, Industrie Canada, et Kurt Mang, ministère des Finances, 1997.

N° 16 **Stratégies commerciales des PME et des grandes entreprises au Canada**, Gilles Mcdougall et David Swimmer, Direction de l'analyse de la politique micro-économique, Industrie Canada, 1997.

N° 17 **Incidence sur l'économie mondiale des réformes en matière d'investissement étranger et de commerce mises en oeuvre en Chine,** Winnie Lam, Direction de l'analyse de la politique micro-économique, Industrie Canada, 1997.

N° 18 **Les disparités régionales au Canada : diagnostic, tendances et leçons pour la politique économique,** Serge Coulombe, Département de sciences économiques, Université d'Ottawa, 1997.

N° 19 **Retombées de la R-D entre industries et en provenance des États-Unis, production industrielle et croissance de la productivité au Canada,** Jeffrey I. Bernstein, Université Carleton et National Bureau of Economic Research, dans le cadre d'un contrat avec Industrie Canada, 1998.

N° 20 **Technologie de l'information et croissance de la productivité du travail : analyse empirique de la situation au Canada et aux États-Unis,** Surendra Gera, Wulong Gu et Frank C. Lee, Direction de l'analyse de la politique micro-économique, Industrie Canada, 1998.

N° 21 **Progrès technique incorporé au capital et ralentissement de la croissance de la productivité au Canada,** Surendra Gera, Wulong Gu et Frank C. Lee, Direction de l'analyse de la politique micro-économique, Industrie Canada, 1998.

N° 22 **La structure de la fiscalité des sociétés et ses effets sur la production, les coûts et l'efficience,** Jeffrey I. Bernstein, Université Carleton et National Bureau of Economic Research, dans le cadre d'un contrat avec Industrie Canada, 1998.

N° 23 **La restructuration de l'industrie canadienne : analyse micro-économique,** Sunder Magun, Applied International Economics, dans le cadre d'un contrat avec Industrie Canada, 1998.

N° 24 **Les politiques du gouvernement canadien à l'égard de l'investissement étranger direct au Canada,** Steven Globerman, Université Simon Fraser et Université Western Washington, et Daniel Shapiro, Université Simon Fraser, dans le cadre d'un contrat avec Industrie Canada, 1998.

N° 25 **Une évaluation structuraliste des politiques technologiques – Pertinence du modèle schumpétérien,** Richard G. Lipsey et Kenneth Carlaw, Université Simon Fraser, avec la collaboration de Davit D. Akman, chercheur associé, dans le cadre d'un contrat avec Industrie Canada, 1998.

N° 26 **Commerce intrasociété des entreprises transnationales étrangères au Canada,** Richard A. Cameron, Direction de l'analyse de la politique micro-économique, Industrie Canada, 1998.

N° 27 **La hausse récente des demandes de brevets et la performance des principaux pays industrialisés sur le plan de l'innovation — Tendances et explications,** Mohammed Rafiquzzaman et Lori Whewell, Direction de l'analyse de la politique micro-économique, Industrie Canada, 1998.

N° 28 **Technologie et demande de compétences : une analyse au niveau de l'industrie,** Surendra Gera et Wulong Gu, Industrie Canada, et Zhengxi Lin, Statistique Canada, 1999.

N° 29 **L'écart de productivité entre les entreprises canadiennes et américaines,** Frank C. Lee et Jianmin Tang, Direction de l'analyse de la politique micro-économique, Industrie Canada, 1999.

N° 30 **Investissement étranger direct et croissance de la productivité : l'expérience du Canada comme pays d'accueil,** Surendra Gera, Wulong Gu et Frank C. Lee, Direction de l'analyse de la politique micro-économique, Industrie Canada, 1999.

COLLECTION DOCUMENTS DE DISCUSSION

N° 1 **Les multinationales comme agents du changement : définition d'une nouvelle politique canadienne en matière d'investissement étranger direct,** Lorraine Eden, Université Carleton, 1994.

N° 2 **Le changement technologique et les institutions économiques internationales,** Sylvia Ostry, Centre for International Studies, Université de Toronto, dans le cadre d'un contrat avec Industrie Canada, 1995.

N° 10   **La réaction des entreprises – L'innovation à l'ère de l'information**, Randall Morck, Université de l'Alberta, et Bernard Yeung, Université du Michigan, dans le cadre d'un contrat avec Industrie Canada, 1998.

N° 11   **Institutions et croissance – Les politiques-cadres en tant qu'instrument de compétitivité**, Ronald J. Daniels, Université de Toronto, dans le cadre d'un contrat avec Industrie Canada, 1998.

COLLECTION PERSPECTIVES SUR LE LIBRE-ÉCHANGE NORD-AMÉRICAIN

N° 1   **La fabrication dans les pays de petite taille peut-elle survivre à la libéralisation du commerce? L'expérience de l'Accord de libre-échange Canada-États-Unis**, Keith Head et John Ries, Université de la Colombie-Britannique, dans le cadre d'un contrat avec Industrie Canada, 1999.

N° 2   **Modélisation des liens entre le commerce et l'investissement étranger direct au Canada**, Walid Hejazi et A. Edward Safarian, Université de Toronto, dans le cadre d'un contrat avec Industrie Canada, 1999.

PUBLICATIONS CONJOINTES

Capital Budgeting in the Public Sector, en collaboration avec l'Institut John Deutsch, sous la direction de Jack Mintz et Ross S. Preston, 1994.

Infrastructure and Competitiveness, en collaboration avec l'Institut John Deutsch, sous la direction de Jack Mintz et Ross S. Preston, 1994.

Getting the Green Light: Environmental Regulation and Investment in Canada, en collaboration avec l'Institut C. D. Howe, sous la direction de Jamie Benidickson, G. Bruce Doern et Nancy Olewiler, 1994.

Pour obtenir des exemplaires de l'un des documents publiés dans le cadre du Programme des publications de recherche, veuillez communiquer avec le :

Responsable des publications
Analyse de la politique micro-économique
Industrie Canada
5e étage, tour ouest
235, rue Queen
Ottawa (Ontario) K1A 0H5

Tél. : (613) 952-5704
Fax : (613) 991-1261
Courriel : mepa.apme@ic.gc.ca

Nº 13   **Le perfectionnement des compétences des cadres au Canada**, Keith Newton, Industrie Canada, 1995.

Nº 14   **Le facteur humain dans le rendement des entreprises : stratégies de gestion axées sur la productivité et la compétitivité dans l'économie du savoir**, Keith Newton, Industrie Canada, 1996.

Nº 15   **Les charges sociales et l'emploi : un examen de la documentation**, Joni Baran, Industrie Canada, 1996.

Nº 16   **Le développement durable : concepts, mesures et déficiences des marchés et des politiques au niveau de l'économie ouverte, de l'industrie et de l'entreprise**, Philippe Crabbé, Institut de recherche sur l'environnement et l'économie, Université d'Ottawa, 1997.

Nº 17   **La mesure du développement durable : étude des pratiques en vigueur**, Peter Hardi et Stephan Barg, avec la collaboration de Tony Hodge et Laszlo Pinter, Institut international du développement durable, 1997.

Nº 18   **Réduction des obstacles réglementaires au commerce : leçons à tirer de l'expérience européenne pour le Canada**, Ramesh Chaitoo et Michael Hart, Centre de droit et de politique commerciale, Université Carleton, 1997.

Nº 19   **Analyse des mécanismes de règlement des différends commerciaux internationaux et conséquences pour l'Accord canadien sur le commerce intérieur**, E. Wayne Clendenning et Robert J. Clendenning, E. Wayne Clendenning & Associates Inc., dans le cadre d'un contrat avec Industrie Canada, 1997.

Nº 20   **Les entreprises autochtones : caractéristiques et stratégies de croissance**, David Caldwell et Pamela Hunt, Centre de conseils en gestion, dans le cadre d'un contrat avec Entreprise autochtone Canada, 1998.

COLLECTION LE CANADA AU 21ᵉ SIÈCLE

Nº 1   **Tendances mondiales : 1980-2015 et au delà**, J. Bradford De Long, Université de la Californie, Berkeley, dans le cadre d'un contrat avec Industrie Canada, 1998.

Nº 2   **Libéralisation étendue axée sur les aspects fondamentaux : un cadre pour la politique commerciale canadienne**, Randy Wigle, Université Wilfrid Laurier, dans le cadre d'un contrat avec Industrie Canada, 1998.

Nº 3   **L'intégration économique de l'Amérique du Nord : les 25 dernières années et les 25 prochaines années**, Gary C. Hufbauer et Jeffrey J. Schott, Institute for International Economics, Washington (DC), dans le cadre d'un contrat avec Industrie Canada, 1998.

Nº 4   **Les tendances démographiques au Canada, 1996-2006 : les répercussions sur les secteurs public et privé**, David K. Foot, Richard A. Loreto et Thomas W. McCormack, Madison Avenue Demographics Group, dans le cadre d'un contrat avec Industrie Canada, 1998.

Nº 5   **Investissement : les défis à relever au Canada**, Ronald P. M. Giammarino, Université de la Colombie-Britannique, dans le cadre d'un contrat avec Industrie Canada, 1998.

Nº 6   **Visualiser le 21e siècle – Investissements en infrastructure pour la croissance économique, le bien-être et le mieux-être des Canadiens**, Christian DeBresson, Université du Québec à Montréal, et Stéphanie Barker, Université de Montréal, dans le cadre d'un contrat avec Industrie Canada, 1998.

Nº 7   **Les conséquences du changement technologique pour les politiques de main-d'oeuvre**, Julian R. Betts, Université de la Californie à San Diego, dans le cadre d'un contrat avec Industrie Canada, 1998.

Nº 8   **L'économie et l'environnement : L'expérience récente du Canada et les perspectives d'avenir**, Brian R. Copeland, Université de la Colombie-Britannique, dans le cadre d'un contrat avec Industrie Canada, 1998.

Nº 9   **Réactions individuelles à l'évolution du marché du travail au Canada**, Paul Beaudry et David A. Green, Université de la Colombie-Britannique, dans le cadre d'un contrat avec Industrie Canada, 1998.

N° 3   **La régie des sociétés au Canada et les choix sur le plan des politiques**, Ronald J. Daniels, Faculté de droit, Université de Toronto, et Randall Morck, Faculté d'administration des affaires, Université de l'Alberta, 1996.

N° 4   **L'investissement étranger direct et les politiques d'encadrement du marché : réduire les frictions dans les politiques axées sur la concurrence et la propriété intellectuelle au sein de l'APEC**, Ronald Hirshhorn, 1996.

N° 5   **La recherche d'Industrie Canada sur l'investissement étranger : enseignements et incidence sur les politiques**, Ronald Hirshhorn, 1997.

N° 6   **Rivalité sur les marchés internationaux et nouveaux enjeux pour l'Organisation mondiale du commerce**, Edward M. Graham, Institute for International Economics, Washington (DC), dans le cadre d'un contrat avec Industrie Canada, 1998.

COLLECTION DOCUMENTS HORS SÉRIE

N° 1   **Obstacles officiels et officieux à l'investissement dans les pays du G-7 : analyse par pays**, Industrie Canada, personnel de la Direction de l'analyse de la politique micro-économique, notamment Ashfaq Ahmad, Colleen Barnes, John Knubley, Rosemary D. MacDonald et Christopher Wilkie, 1994.

Obstacles officiels et officieux à l'investissement dans les pays du G-7 : résumé et conclusions, Industrie Canada, personnel de la Direction de l'analyse de la politique micro-économique, notamment Ashfaq Ahmad, Colleen Barnes et John Knubley, 1994.

N° 2   **Les initiatives d'expansion commerciale dans les filiales de multinationales au Canada**, Julian Birkinshaw, Université Western Ontario, dans le cadre d'un contrat avec Industrie Canada, 1995.

N° 3   **Le rôle des consortiums de R-D dans le développement de la technologie**, Vinod Kumar, Research Centre for Technology Management, Université Carleton, et Sunder Magun, Centre de droit et de politique commerciale, Université d'Ottawa et Université Carleton, dans le cadre d'un contrat avec Industrie Canada, 1995.

N° 4   **Écarts hommes/femmes dans les programmes universitaires**, Sid Gilbert, Université de Guelph, et Alan Pomfret, King's College, Université Western Ontario, 1995.

N° 5   **La compétitivité : notions et mesures**, Donald G. McFetridge, Département d'économique, Université Carleton, 1995.

N° 6   **Aspects institutionnels des stimulants fiscaux à la R-D : le crédit d'impôt à la RS&DE**, G. Bruce Doern, École d'administration publique, Université Carleton, 1995.

N° 7   **La politique de concurrence en tant que dimension de la politique économique : une analyse comparative**, Robert D. Anderson et S. Dev Khosla, Direction de l'économique et des affaires internationales, Bureau de la politique de concurrence, Industrie Canada, 1995.

N° 8   **Mécanismes et pratiques d'évaluation des répercussions sociales et culturelles des sciences et de la technologie**, Liora Salter, Osgoode Hall Law School, Université de Toronto, dans le cadre d'un contrat avec Industrie Canada, 1995.

N° 9   **Sciences et technologie : perspectives sur les politiques publiques**, Donald G. McFetridge, Département d'économique, Université Carleton, dans le cadre d'un contrat avec Industrie Canada, 1995.

N° 10   **Innovation endogène et croissance : conséquences du point de vue canadien**, Pierre Fortin, Université du Québec à Montréal et Institut canadien de recherches avancées, et Elhanan Helpman, Université de Tel-Aviv et Institut canadien de recherches avancées, dans le cadre d'un contrat avec Industrie Canada, 1995.

N° 11   **Les rapports université-industrie en sciences et technologie**, Jérôme Doutriaux, Université d'Ottawa, et Margaret Barker, Meg Barker Consulting, dans le cadre d'un contrat avec Industrie Canada, 1995.

N° 12   **Technologie et économie : examen de certaines relations critiques**, Michael Gibbons, Université de Sussex, dans le cadre d'un contrat avec Industrie Canada, 1995.

TABLE DES MATIÈRES